KB265169

교회로부터 도피하는 그리스도인들에게 보내는 부탁

도피 성도

신동식 저

"교회, 목사, 성도의 총체적 회복이 필요하다"

우리시대

도피 성도

2019년 1월 13일 초판 1쇄 발행

지은이 | 신동식

펴낸이 | 신덕례

디자인 | 김 선

편 집 | 권혜영

교정교열 | 허우주

유통 | 기독교출판유통

펴낸곳 | 우리시대

경기 고양시 덕양구 마상로 102번길 53

woorigeneration@gmail.com

ISBN 9791185972183 03230

김완식 목사 (좋은땅교회, 전 칼빈학문연구회 대표)

20세기 한국 교회는 교회 성장이 주요한 목표였습니다. 그 결과 세계 교회가 놀랄 만한 양적 성장을 이루었습니다. 하지만 그 영광에 반해 한국 교회의 현실은 심각합니다. 성장에 목표를 두고 달려온 한국 교회가 지금은 마이너스 성장을 하고 있으나 이 상황을 타개할 방안이 보이지 않는다고 합니다. '전도가 안 된다' '교회 부흥은 어렵다'는 자조 섞인 말이 공공연히 들려오는 현실입니다.

21세기에 들어서면서 교회의 건강성에 대한 관심이 높아졌습니다. 하지만 한국 교회의 현실은 건강하지 못한 것으로 보입니다. 교회를 살피면 주변인이 많이 늘었다는 것을 알 수 있습니다. 이전에도 교회에 나와 예배는 하고 있으나 성도의 교제가 없는 손님과 같은 성도들이 있었습니다. 문제는 지금은 그런 이들이 많아졌다는 것이지요. 또 아예 교회에 등록하지 않고 쇼핑하듯 교회를 돌아다니는 주변인들도 많아졌다는 것입니다. 거기에 더한 것이 교회 밖에 있는 이들, 일명 가나안 성도입니다.

저는 가나안 성도라는 말이 낯섭니다. 물론 이전에도 무교회주의자들과 같은 이들이 교회 밖에 있었으나 가나안 성도는 그 성격이 많이 다르기 때문입니다. 가나안 성도의 증가가 교회의 문제로 인식되고 있습니다. 이러한 때에 가나안 성도를 '도피 성도'라고 정의하고 원인과 대안을 제시한 이 책은 시의적절하다고 할 것입니다.

저자는 자신이 지역교회의 담임목사로서 도피 성도에 대해 사회학적 관점을 넘어 목회의 관점에서 도피 성도가 만들어지는 토양을 제공한 한국 교회와 목사 그리고 도피 성도 자신에 대해 정직하게 진단하고 있습니다.

그리고 한국 교회의 위기나 도피 성도에 대해 예수 그리스도께서 피로 값 주고 사신 교회에 대한 분명한 확신을 갖고 교회의 본질 회복, 목사의 사명에 헌신, 도피 성도 개인의 준비 등을 대안으로 제시하고 있습니다.

저는 저자 신동식 목사님과 신학생 시절에 기독교세계관 운동에 매진한 동아리 칼빈학문연구회에서부터 지금까지 30여년 가까이 함께해 온 평생동역자입니다. 신 목사님은 우리와 함께 열심히 공부했고, 토론했고, 생각을 나누었고 동역했습니다.

저자는 기독교세계관을 배우고 확신한 대로 지금까지 살아왔습니다. 그동안에 여러 권의 책을 출간한 것도, 이 책에서 도피 성도의 문제에 대해 명쾌하게 진단하고 대안을 제시할 수 있는 것도 그동안의 공부와 목회, 기윤실에서의 사역 등으로 이뤄진 자신의 삶이 뒷받침되기 때문이라고 생각합니다.

이 책을 읽으면서 저자의 확신과 노력에 존경을 표하고 신 목사님을 귀히 쓰시는 하나님께 영광을 돌립니다. 또한 알면서도 무심히 지나가고 게을렀던 저를 반성하면서 "도피 성도(도피하는 그리스도인)"의 출간을 진심으로 축하합니다. 이 책이 저와 같은 목사와 교회에 실망한 성도들과 도피 성도들에게 정직한 답이 되리라 믿기에 기쁨으로 이 책을 추천합니다.

이종인 목사 (울산 언약교회)

저자는 지역교회에 정착하지 못하고 떠도는 그리스도인들을 '가나안 성도'라고 부르기를 거절하고, 대신 '도피 성도'라고 규정한다. 방황하는 그리스도인들이 100만을 넘나드는 한국 교회의 현실과 원인을 정밀하게 진단하며, 유례없는 도피 성도 증대 현상은 단지 성도나 목사 어느 한편의 문제가 아니라 말한다. 슬픈 현상을 불러온 토양과 교회의 질병들, 도피 성도의 양산을 부추긴 목회와 성도들의 왜곡된 신앙과 욕망의 합작품으로 진단하고 있다. 진단과 더불어 문제해결의 대안 또한 제시하고 있다. 가장 기본적이지만 변화를 불러올 수 있는 제대로 된 처방전들을 담아 놓았다. 원고를 받고서 단번에 읽었다. 저자의 안내를 따라가다 보니 나를 돌아보는 시간이 되었다. 책을 접하는 목회자나 성도들 모두가 자신의 상태를 돌아보게 되리라 생각한다. 개혁신학의 통찰력으로 우리 시대의 교회와 사회현실을 읽어내는 저자의 선명한 시선. 따라가면서 누리는 유익이 크다. 방황하는 성도들뿐 아니라 목회자와 성도들 모두에게 꼭 필요한 책이다.

현대 한국 교회의 가장 긴박한 문제는 교회론 부재라 단언할 수 있다. 신앙과 교회를 분리하는 현상이다. 성도됨은 곧 교회의 지체로의 부름이다. 예수를 믿는다는 것. 그리스도인이 된다는 것은 몸 된 교회의 지체가 됨을 의미한다. 저자는 성경적인 교회론의 바탕 위에 목사와 성도, 교회 본연의 모습으로 돌아가기 위한 구체적인 방법들을 제시하고 있다. 한국적 상황에 대한 면밀한 분석과 진단에 따른 처방이라는 점에서 여타의 번역서들과 비교할 수 없다. 저자를 신학교 시절부터 오랜 시간 지켜봐 왔다. 보편교회에 속한 한 지역교회의 신실한 목사이다. 동시에 왜곡되고 이원론적으로 절편된 사상에 대항하여 기독교 세계관 운동에 앞장서고 있다. 교회의 지체로 머물러 살지 못하고, 마음이 교회에서 떠나 있는 이들. 교회와 목사에게 실망하여 마음이 이탈된 이들. 우리 시대 방황하고, 유리의 조짐을 보이는 성도들에게 긴요한 책이다. 교회로부터 유리되고 도피하는 슬픈 현실에 대한 저자의 아픈 마음을 따라 일독을 권하며, 마음 깊이 추천한다.

정일권 목사 (전 숭실대학교 기독교학대학원 초빙교수, 국제 르네 지라르 학회 정회원)

이 책은 '가나안 성도'의 문제를 되짚으면서 한국 교회의 문제를 '교회로부터 도피하는 그리스도인들(일명 도피 성도)'의 관점에서 진단하고 대안을 제시하고자 한다. 이 책은 권위와 정직과 투명성에 있어서 시대를 따라가지 못하고 있는 한국 교회를 질타한다. 먼저 저자는 도피 성도를 유발한 교회의 질병을 진단하면서 언행불일치, 세속주의, 탐심비대증, 불투명성, 과대망상, 신학적 빈곤, 미숙한 소통, 성화를 향한 게으름 등을 세밀하게 분석해 낸다. 이 책의 부제 '교회로부터 도피하는 그리스도인들에게 보내는 부탁'에서 볼 수 있듯이, 이 책은 목회자들과 기성 교회에게만 한국 교회의 위기의 모든 책임을 전가하지는 않는다.

도피 성도가 될 수 있는 영적 질병도 진단하면서 공동체 의식의 결핍, 빈약한 성경적 세계관, 편리주의 신앙, 인내의 부족 등을 지적하면서 도피 성도가 가져온 슬픔과 아픔으로써 교회를 너무 쉽게 무시하고 신앙공동체를 상실하게 되는 문제에 대해서 침묵하지 않는다. 마지막으로 이 책은 도피 성도를 회복케 하는 교회와 목사의 준비로서 성경적 세계관이 분명한 교회와 맘몬의 도전에 강력히 저항하는 교회, 한 사람을 향한 존중, 욕망에 대한 저항, 책의 사람으로서의 목회자가 필요하다는 것을 역설하면서, 도피 성도들이 우리의 어머니인 교회로 돌아와서 지역교회를 품고 세우기를 간절히 요청하고 있다.

이 책을 통해 20세기 후반 한 세대 동안 풍미했던 포스트모던적인 '냉소적 이성'을 극복하고 교회공동체의 가치를 재발견하기를 원하면서 이 책을 추천한다.

목광수 교수 (서울시립대 철학과 교수, 기독교윤리실천운동 바른가치운동본부장)

이 책은 한국 교회가 한국 사회에서 빛과 소금의 역할을 하지 못하고 영혼의 안식처가 되지 못한 현상에 대해 사회학적 관점으로 분석한 기존의 저서들과 다르다. 단지 사회학적 분석에 머무는 것이 아니라, 한국 교회의 현상에 대해 에스겔처럼 탄식하며 마음 아파하면서도 이 현상을 바로잡으려 몸부림치는 저자의 삶이 녹아 있는 목회학적 관점까지 담아내고 있기 때문이다. 이 땅의 교회가 한없이 초라하고 부족하지만, 하나님의 몸 된 교회에 대한 희망을 놓지 않은 사람들에게, 한국 교회가 어떻게 하면 하나님이 기뻐하시는 공동체가 될 수 있을지를 고민하는 사람들에게, 이 책은 깊이 있는 통찰을 줄 뿐만 아니라 구체적이며 실천적인 지침서가 될 것이다.

차 례

저자 서문

한국 교회가 유례없는 위기를 맞이하고 있습니다. 외적 요인은 저출산과 세속적 세계관의 발흥입니다. 그리고 내적 요인은 신뢰도 하락입니다. 세상은 놀랍도록 변해 가고 있는데 교회는 뒷걸음치고 있습니다. 특별히 권위와 정직과 투명성에 있어서 교회는 시대를 따라가지 못하고 있습니다. 시대를 이끌었던 교회는 시대를 쫓아가기도 버거워하고 있습니다.

한국 교회가 누렸던 영광은 더 이상 기대하기 어려워졌습니다. 추억 속에 남겨진 색 바랜 사진과 같은 처지가 되었습니다. 여기에 명망 있는 그리스도인의 일탈은 불난 집에 기름 붓는 격이 되었습니다. 그러자 많은 사람들이 유형적 교회를 떠나기 시작하였습니다. 사람들은 이들을 "가나안 성도"라고 부릅니다. 교회 안 나가는 성도라는 의미입니다. 참으로 기가 막힌 말이 아닐 수 없습니다.

그러나 현실은 부정할 수 없습니다. 많은 그리스도인들이 교회를 찾고자 방황하고 있습니다. 그리고 일부는 아예 교회를 떠나기도 했습니다. 일부에서는 무교회주의를 따르기 시작하였습니다. 그리고 인터넷 예배, 방송예배, 길거리 예배, 목회자 없는 성도들의 예배 등 다양한 시도를 하고 있습니다.

한국 교회는 이러한 현실 앞에 깊이 반성해야 합니다. 구원과 평안을 주어야 할 교회가 분열과 상처와 아픔과 분노를 주었기 때문입니다.

하지만 우리는 좀 더 냉철하게 현상을 살펴볼 필요가 있습니다. 그리고 진지한 대안을 만들어야 합니다. 성경이 하나님의 말씀임을 분명하게 고백하는 그리스도인이라면 우리의 문제를 냉정하게 살펴볼 수 있어야 합니다.

이 책은 이러한 문제의식을 가지고 시작하였습니다. 그리고 지금의 현상 즉 "가나안 성도"의 문제를 다시 한번 되짚어보고자 하였습니다. 그리고 이 문제의 근원이 무엇이고, 그 대안은 어디에 있는지 살펴보고자 하였습니다. 특별히 "가나안 성도"라는 말에 숨겨진 의미를 파내고 오늘의 현상에 대하여 좀 더 교회적이고, 신학적인 접근을 하고자 하였습니다.

이 책에서는 한국 교회의 문제를 "교회로부터 도피하는 그리스도인들(일명 도피 성도)"의 관점에서 보고자 합니다. 이전에는 세상에서 도피하여 교회로 왔다면 이제는 교회로부터 도피하여 세상으로 가고 있는 현실을 담담하게 나누고자 합니다. 그리고 이 문제가 단지 한 사람의 문제가 아니라 한국 교회 전체의 문제임을 말하고자 합니다. 그러므로 한국 교회의 개혁 역시 한 사람의 문제가 아니라 우리 모두 에게 달려 있는 것임을 말하고자 합니다.

용어의 정의로 시작하여 교회와 목회자와 성도의 문제를 살펴보고 한국 교회를 병들게 한 공범으로서 어떻게 회복할 것인지를 나누고자 합니다. 그리스도의 피로 값 주고 사신 한국 교회가 다시금 일어나서 조국과 열방을 향한 빛의 역할을 감당할 수 있기를 소망해 봅니다.

이 책은 한국 교회를 향한 작은 소리일 뿐입니다. 하나님께서 사용하신다면 감사한 일이지만 그렇지 않다 하더라도 한국 교회로부터 사랑을 받은 한 성도의 사랑의 몸짓으로 남는 것도 감사할 뿐입니다.

이 책을 내는 데 있어서 많은 분들의 도움을 받았습니다. 정현숙 전도사와 허우주 형제, 김선 자매, 그리고 권혜영 집사에게 감사를 드립니다. 좋은 책을 내고자 애쓰는 우리시대에게도 감사를 드립니다. 또한 추천서를 써 주신 김완식 목사, 이종인 목사, 정일권 교수, 목광수 교수께도 감사를 드립니다. 이 책이 하나님과 교회에 누가 되지 않기를 바랍니다.

2019년 1월 소명의 땅 고양시 원당에서

신동식 목사

1부
도피 성도의 현실

1장 한국 교회 위기설

1. 한국 교회 2028년 파산한다

이곳저곳에서 한국 교회 위기설이 흘러나옵니다. 그 근거로 드는 것이 일명 가나안 성도들의 출현입니다. 양희송은 그의 책 『가나안 성도, 교회 밖 신앙』에서 가나안 성도가 백만 명 정도라고 말합니다.[1] 그리고 정재영과 송인규가 조사한 통계를 보면 현재 교회에 다니는 성도 중 세 명 중 한 사람은 교회를 떠나려고 마음을 먹었다고 말합니다.[2] 최윤식은 『2020

---

1 양희송, 『가나안 성도, 교회 밖 신앙』, (서울: 포이에마, 2014), 35.

2 "'현재 출석하는 교회에 계속 다니고 싶은가'라는 질문에 '그렇다'고 답한 응답자는 55.0%인 반면, '떠날 생각이 있다'는 대답이 32.8%로 전체 응답자의 3분의 1을 넘었다. 교회를 떠나려는 이유는 '교육·훈련 부족'(11.5%) '예배의 문제'(11.1%) '지나친 전도 강요'(10.9%) 등이었다. 교회를 떠난 뒤 '다른 교회에 출석하겠다' 한 응답자가 61.3%, 교회에 출석하지 않는 '가나안 성도'로 남겠다는 응답도 22.1%나 됐다. 이 같은 비율은 전체 성도를 기준으로 환산했을 때 7% 정도로, 개신교인 100명 중 7명이 '잠재적' 가나안 성도인 셈이다."
「교인 3명 중 1명 "출석교회 떠나고 싶다"」, 국민일보, 2016. 11. 28. 25면.
http://news.kmib.co.kr/article/view.asp?arcid=0923649425&code=23111111&cp=du

2040 한국 교회 미래지도2』에서 현재 상태가 진행되면 2028년에는 한국 교회는 파산한다고 말합니다.[3] 가장 최근의 조사에 의하면 대학생 중 기독인은 15%이고, 그 중에 28.3%는 교회를 안 나가고 있다고 합니다.[4] 또한 각 교단 발표에 의하면 대부분 교단이 교인 수의 감소를 보고하였습니다. 대한예수교장로회 통합 교단은 2.09%가 감소했습니다.[5] 합동 교단 교회 28.9%가 주일학교가 없다고 합니다.[6] 고신 교단도 주일학교가 10년 동안 30% 감소하였습니다. 그야말로 이곳저곳에서 위기설이 파다합니다. 그리고 그 증거도 탄탄합니다.

우리는 지금 한국 교회의 민낯을 보고 있습니다. 전도가 되지 않는다는 소리가 여기저기서 들려오고 있습니다. 개척한 교회들의 생명 연한이 3년이라는 말도 들립니다. 그만큼 우리 시대는 선교 불모지와 같은 모습으로 되돌아가고 있습니다. 참으로 심각한 수준입니다. 그러니 위기설에 설득이 되는 것입니다. 그동안 한국 교회가 누려왔던 영광을 보면 상상할 수 없었던 현상이라 할 수 있습니다.

그렇다면 이러한 위기설을 어떻게 바라보아야 하겠습니까? 정말 한국 교회는 2028년에 파산할까요? 최근의 통계를 보면 한국 교회 성도의 숫자

---

3 「2028년 한국교회 몰락… 앞으로 ‘10년’, 골든타임 놓치지 말라」
   http://www.theosnlogos.com/478
4 「대학생 중 개신교인 15%, 그중 28.3%는 '가나안'」
   http://www.newsnjoy.or.kr/news/articleView.html?idxno=214061
5 「예장통합, 1년 만에 교인 5만 8,200명↓」
   http://www.newsnjoy.or.kr/news/articleView.html?idxno=212981
6 「예장합동 교회 28.9% 주일학교 없다는데…」
   http://www.newsnjoy.or.kr/news/articleView.html?idxno=212645

는 2005년 통계보다 늘었습니다. '2015 인구주택총조사 표본 집계 결과'에서 기독교 인구는 2005년 844만 6천여 명에 비해 123만여 명이 늘어난 967만 5761명이었습니다.[7] 줄어들었을 것 같았던 숫자가 늘어난 것입니다. 이에 대하여 여러 가지 분석이 가능할 것입니다. 대표적으로 조사에 문제가 있다고 보는 관점입니다. 이단도 기독교로 분류하였기 때문이라는 지적입니다. 일리가 있다고 봅니다. 저는 두 가지 이유를 더 말하고 싶습니다. 하나는 60대 이상 교인 숫자의 증가를 볼 때 짐작할 수 있는 영적 회귀 현상이라고 할 수 있습니다. 노령층이 많아지는 현상 가운데 다시 교회로 돌아오는 교회 휴직 성도들입니다. 두 번째는 경제적 영향으로 인한 삶의 불안입니다. 핵가족화의 절정인 우리 시대는 삶의 고독이 심각해지고 있습니다. 이러한 현실 가운데 다시 교회의 문을 두드리는 현상이라 생각합니다.

문제는 전체 교인 수의 증가가 아니라 20-40대의 감소입니다.[8] 젊은 층의 감소는 교회의 위기를 말하는 한 요소가 될 것입니다. 그런 의미에서 지금의 위기설은 좀 더 세밀하여야 합니다. 또한 하나님의 계획을 전혀 고려하지 않고 있는 것은 아닌지도 돌아보아야 합니다. 오묘한 일을 통계를 통하여 자신들이 잘 알고 있다는 과신으로 여겨지는 것은 너무 과민한 생각일까요? 현실이 그렇고 통계가 그렇다는 말을 부정할 이유는 하나도 없습니다. 이것이 현실이기 때문입니다. 전도가 어렵고, 실제로 교인이 줄어들

---

7 국가통계포털
   http://kosis.kr/statHtml/statHtml.do?orgId=101&tblId=DT_1PM1502

8 10대의 숫자는 이 통계에 잡히지 않았지만 인구 감소를 생각하면 자연스럽게 감소를
   추정할 수 있습니다.

고 있기 때문입니다.

그러나 한국 교회가 곧 파산할 것이고 지금이 파산을 막을 수 있는 골든 타임이라는 이야기는 사회학적인 논쟁은 될 수 있으나 하나님 나라 관점에서 보면 수사에 불과한 이야기입니다. 하나님 나라는 사회적 통계로 세워지거나 무너지지 않습니다. 사람의 생각과 하나님의 생각이 다르기 때문입니다. 하나님 나라는 하나님의 방법으로 세워집니다.

> "여호와의 말씀에 내 생각은 너희 생각과 다르며 내 길은 너희 길과 달라서 하늘이 땅보다 높음 같이 내 길은 너희 길보다 높으며 내 생각은 너희 생각보다 높으니라" _사 55:8-9

하나님의 교회는 파산이 없습니다. 변화만 있을 뿐입니다. 교회가 하나님의 뜻을 나타내지 않으면 하나님은 자연스럽게 촛대를 옮기십니다. 그리고 다시 하나님의 뜻을 나타내는 교회를 세우시는 것입니다. 자칭타칭 한국 교회를 대표한다는 대형 교회들이 무너진다고 한국 교회가 무너지는 것이 아닙니다.

그런 의미에서 한국 교회의 위기는 지금껏 누렸던 영화와 권력의 위기이지 복음의 위기가 아닙니다. 오히려 하나님께서 이렇게 한국 교회의 역사에 개입하셔서 철저하게 낮추시는 것은 그분의 뜻을 더욱 선명하게 나타내고자 하심일 것입니다. 사실 이러한 위기는 역사의 마디마다 있었습니다.

2. 교회를 제대로 가르쳤는가?

양희송은 그의 책에서 함석헌을 언급하면서 오늘날 교회의 현상을 이미 밝힌 글을 언급하였습니다.[9] 함석헌만 그러했겠습니까? 종교개혁이 무엇을 의미하는 것입니까? 이름뿐인 교회와 성도들을 향한 탄식이 아니었습니까? 많은 사람들이 가나안 성도를 언급하면서 새로운 교회 운동이 필요하다고 말을 합니다. 하지만 이 부분은 매우 조심해서 다뤄야 할 부분입니다. 그것은 교회사의 고백 가운데 나타난 교회가 문제인지 아니면 한국 교회가 문제인지를 분명하게 따져보아야 하기 때문입니다. 왜냐하면 한국 교회는 우주적 교회의 일원이기 때문입니다. 단독적으로 존재하는 것이 아니라 하나님 나라의 일원으로 교회가 존재하기 때문입니다.

그런 의미에서 한국 교회의 위기설과 그 근거 가운데 하나로 가나안 성도를 근거로 새로운 교회 운동을 말하는 것은 매우 신중해야 합니다. 왜냐하면 교회 안 나가는 사람을 성도[10]라고 규정하면 이미 그는 신학적으로 모순에 빠지기 때문입니다. 교회 안 나가는 것을 유형적 교회를 안 나가는 것으로 한다면 그는 무교회주의자가 될 것입니다. 그렇다면 새로운 것이 아니라 이미 존재하였던 실체가 됩니다. 그리고 그 실체를 인정하라는 요구가 되기 때문입니다. 실제로 양희송은 그의 책에서 대안의 한 모습으로

---

9 양희송, 21.

10 성도란 고전 1:1-3에 근거하여 다음과 같이 정의합니다. 성도는 거룩한 사람들입니다. 그런데 이 때 거룩한 사람은 그리스도께서 세상 가운데서 불러냄으로써 구별된 존재를 의미합니다. 이들이 모인 모임이 교회입니다. 그러므로 교회는 성도들로 존재합니다. 그런 의미에서 성도는 교회라고 말할 수 있습니다.

김교신을 말하는 것을 봅니다.[11] 이렇게 되면 논의는 정말 다르게 진행되어야 합니다. 교회 안 나가는 사람에 대하여 신학적으로 접근하는 것과 사회학적으로 접근하는 것은 다르기 때문입니다.

한국 교회의 위기를 부정하고 싶지 않습니다. 영적인 측면에서는 더더욱 동의합니다. 하지만 이로 인하여 교회가 파산되는 것은 아닙니다. 교회가 누렸던 기득권이 상실되고 견고한 성읍과도 같았던 교회가 황무하게 될 수도 있습니다. 그러나 하나님께서 다시 부르실 것입니다. 그리고 예배하게 하실 것입니다. 그것은 교회는 그리스도의 몸이기 때문입니다. 하나님 나라가 교회를 통하여 세워지기 때문에 그러합니다.

종교개혁자들이 가르치고 믿음의 선배들이 고백하였던 교회의 모습은 아름답습니다. 그렇게 지켜지지 못한 것이 가슴 아플 뿐입니다. 한국 교회가 종교개혁자들이 남겨주었던 유산을 제대로 가르치고 실천하였는지 물어보아야 합니다. 교회론이 잘못된 것이 아니라 제대로 가르치고 실현되었는지가 중요합니다. 그런 의미에서 한국 교회의 위기는 무엇의 위기인지를 다시 따져 보아야 합니다. 그리고 좀 더 신중한 설정을 하여야 합니다.

지금 한국 교회의 위기는 종교개혁의 가르침에서 너무나 멀어져 있기 때문입니다. 오직 성경, 오직 은혜, 오직 믿음, 오직 그리스도, 오직 하나님께 영광이 무너지고 그 자리에 엉뚱하고 괴이한 신학과 신앙이 자리 잡고 있기 때문입니다. 그런 의미에서 한국 교회의 위기를 교회론의 문제에 한정

---

11 양희송, 181.

하는 것은 문제가 있습니다. 종교개혁의 후예들로서 우리의 신앙을 돌아보아야 합니다. 그것에 걸맞지 않은 것에 대한 개혁이 일어난 후 교회의 문제를 생각해도 늦지 않습니다. 그런 의미에서 역사적 신앙고백에 합당한 우리의 신앙을 다시 살펴보는 일이 일어나야 합니다.

2장 가나안 성도인가? 도피 성도인가?

1. 교회 안 나가는 사람들을 어떻게 볼 것인가?

한국 교회 위기의 징후로 나타난 교회 안 나가는 사람들을 어떻게 볼 것인가는 매우 중요한 화두입니다. 이것은 단지 교회의 문제를 말하는 것이 아니라 교회에 대한 심각한 질문이기 때문입니다. 그리고 종교개혁의 열매로 주어진 한국 교회의 실체를 제대로 보게 하는 것이기 때문입니다. 이 문제는 오랫동안 신학적 논의가 있은 후에 정리될 것입니다.

다만 많은 사람들이 염려하는 교회 안 나가면서 신앙을 가지고 있다고 하는 사람들에 대하여 어떠한 자세를 가지고 있어야 할지는 매우 중요합니다. 앞서 잠시 언급하였듯이 이들을 성도로 확정하면 무교회주의가 되어 더 이상 유형 교회의 일원으로 받아들이는 것을 포기해야 합니다. 그래서 교회 안 나가는 사람들에 대한 규정이 매우 중요합니다.

교회 안 나가는 사람들은 공통적으로 제도적 교회에 대하여 실망을 가지고 있습니다. 그래서 제도적 교회로 돌아가는 것을 선호하지 않습니다. 2016년에 실천신학대학원대학교 21세기교회연구소와 IVF 한국 교회탐구센터는 '평신도 교회 선택과 교회생활 만족도 조사연구' 결과를 발표한 적이 있습니다. 이 때 나온 결과 가운데 가장 마음을 아프게 하는 항목은 크리스천 3명 중 1명이 현재 출석중인 교회를 떠나고 싶다고 생각하는 것으로 조사된 것입니다. 더구나 전 연령층 가운데 30대 신자들의 주일예배 참석률이 가장 낮고, 교회 충성도도 바닥인 것으로 나타났습니다. 또한 교회와 담임목사에 대한 만족도도 100점 만점에 겨우 66점을 넘었습니다.[12]

그래서 일부 학자들은 이들을 광의의 교회로 인정해 주는 것이 어떠냐는 생각을 가지고 있습니다. 그러면 제도적 교회에도 유익이 있을 것이라고 말합니다. 하지만 이러한 생각은 사람의 부패성에 대하여 관대하기 때문입니다. 더구나 죄의 경향성에 대하여 너무 유연하기 때문입니다. 교회 안 나가는 사람을 성도로 인정하는 이들은 인간의 자율성에 대한 신뢰가 매우 큰 것을 볼 수 있습니다. 인간의 전적인 타락에 동의하지 않습니다. 인간 존재의 가능성을 강조하고 그에게 있는 죄에 대하여 깊은 논의가 없습니다. 그러다 보니 교회의 기능성에 대한 비판을 하면서 교회의 인격성에 대하여는 큰 관심이 없습니다.[13]

---

12 「교인 3명 중 1명 "출석교회 떠나고 싶다"」, 국민일보, 2016. 11. 28. 25면.

13 교회의 기능성은 교회가 해야 할 일에 대한 관점이고 교회의 인격성은 교회를 존재케 하는 본질적인 모습을 의미합니다. 교회의 기능성에 중심을 두면 교회가 마치사회복지센터와 같은 존재로 변질될 수 있습니다. 반면에 교회의 인격성, 즉 복음 증거의 가치로만 본다면 화석화된 교회로 변질될 수 있습니다. 그래서 교회의 기능성과 인격성에 대한 균형이 항상 필요한 것입니다. 오늘날 교회를 떠나고자 하는 이들의 항변은 교회가 이

예수님께서 자신의 교회를 세우신 것은 우리의 부패한 본성을 잘 아셨기 때문입니다. 예수님은 우리가 홀로 신앙생활 하는 것이 얼마나 힘든지를 잘 알고 계셨습니다. 인간이 얼마나 연약한 존재인지를 누구보다도 잘 알고 계십니다. 그래서 성도들의 공동체인 교회를 허락하신 것입니다. 그곳에서 함께 울고 웃고 나누면서 하나님 나라를 소망하게 하는 것입니다. 교회가 자신의 본질에 충실할 때 성도는 가장 행복한 삶을 살게 됩니다. 그러나 교회가 부패하면 하나님은 부패한 교회를 없애시고 다시금 참된 교회를 세우십니다.

2. 하늘 시민으로 돌아오게 하는 간절한 기대

교회는 그리스도의 몸입니다. 그리고 성도들은 그 몸의 지체들입니다. 몸과 지체가 하나일 때 온전한 모습을 유지할 수 있습니다. 그러므로 교회를 떠나서 성도란 존재할 수 없습니다. 성도는 교회 안에 있을 때 성도로서 존재합니다.

실제로 양희송이 인터뷰한 한 사람에게서 주일날 자기 소견에 따라 시간을 보내는 이의 이야기를 접합니다. 심정적으로 이해할 수 있으나 신학적으로는 인정할 수 없는 부분입니다.[14] 이러한 시간이 흘러가면 그가 신앙

러한 균형을 상실하였다고 하는 것입니다.

14   양희송, 28. "매주 일요일 오전에 제가 즐겨 가는 도넛집이 있는데, 보통 11시 15분쯤 도착

인으로 남아 있을지 의문이 드는 것도 사실입니다.

교회 안 나가는 사람을 어떻게 이해하여야 교회의 위기를 극복할 수 있겠습니까? 이미 많은 이야기들이 있습니다. 교회 쇼핑족, 교회 난민, 영적 엘리트, 영성 소비자, 잃어버린 양으로 불리고 있습니다.[15]

그러나 저는 교회 안 나가는 사람들에 대해 개인적으로 "도피 성도"의 입장에서 접근합니다. 이들은 교회로부터 도피하는 그리스도인입니다. 교회를 통하여 삶의 회복을 꿈꾸었는데 교회가 너무 힘들게 하여서 더 이상 교회에서 평화를 누리지 못하고 교회로부터 도피한 것입니다. 이들이 도피성으로 삼은 곳이 어디인지 명확하지 않습니다. 그래서 교회에서 도피하는 이들은 영적인 광야의 삶을 살아갑니다.

이들을 "도피 성도"라 부르는 것은 그들이 신앙을 버린 것이 아님을 전제로 합니다. 오히려 그들이 교회로부터 도피하는 동시에 교회를 찾고 있다고 봅니다. 실제로 정재영의 보고에 의하면 "가능한 한 빨리 교회에 나가고 싶다"는 응답이 13.8퍼센트, "당장은 아니지만 언젠가 다시 교회에 나가고 싶다"는 응답이 53.3퍼센트로 세 명에 두 명 꼴로 교회에 나가고 싶다는 입장을 보이고 있습니다.[16] 그런 측면에서 볼 때 "가나안 성도 중에 상당수가 교회에 나가길 원하고 있고, 나가고 싶지 않더라도 교회에 대한

해서 도넛 하나, 커피 한 잔을 시켜 놓고 한 시간 정도 독서를 합니다... 아내와 아이들은 여전히 인근 교회를 나가고 있는데, 아이들을 위해서는 주일학교의 필요를 인정하고, 아내의 신앙적 선택도 존중합니다. 초기에는 약간의 불안감이 있어서 성경책을 보기도 했는데, 인위적인 느낌이 들어서 현재는 예배 형태를 띠지 않는 시간으로 보내고 있습니다."

15 위의 책, 55-75.
16 정재영. 54.

생각을 떨쳐버리지 못하는 상태에 있다"[17]고 할 수 있습니다. 그런 측면에서 도피 성도는 계속하여 교회를 찾고 있는 이들을 의미합니다. "도피 성도"라 부르는 이유는 그들이 하늘 시민으로 돌아오기를 바라는 간절한 기대가 담겨 있기 때문입니다.

---

17 정재영. 55.

3장 도피 성도의 현실

1. 교회도 세상과 똑같다

도피 성도의 현실을 보면 한국 교회의 모습이 보입니다. 도피 성도의 시작은 떠돌이입니다. 많은 성도들이 자신이 다니던 교회를 떠나서 이곳저곳을 찾아다니고 있습니다. "교회도 세상과 똑같다"는 생각 때문입니다. 한 번 속지 두 번은 안 속는다는 생각으로 교회를 떠나 새로운 교회를 찾아 떠돌고 있는 도피 성도들이 점점 늘어나고 있습니다. 그러다가 지치면 교회를 나가지 않고 홀로 신앙을 지키겠다는 자세를 갖기도 합니다. 그래서 인격적인 신앙이 아니라 일방적인 정보를 받는 비디오, 오디오 신앙으로 변질되고 있습니다.

미디어로만 접하는 신앙이 신체적인 어려움이 있는 분들에게 조금의 유익은 있을 수 있을 것입니다. 그러나 바른 신앙을 위해서는 도움이 되지 않습니다. 신앙은 인격적인 관계를 통하여 자라기 때문입니다. 칭찬과 책망과 바르게 함과 징계와 상급을 함께 받고, 함께 고민하면서 정직한 질문에 정직한 답을 구하는 과정이 참된 신앙의 과정입니다. 하지만 이러한 과정이 없으면 신앙은 반드시 왜곡되게 되어 있습니다.

그래서 이렇게 배회하고 있는 그리스도인들을 보는 것은 참으로 서글프고 안타까운 일입니다. 정착하지 못하는 신앙에는 자존감이 많이 결여됩니다. 하나님께서 교회를 허락하신 이유 중 하나는 공동체를 통하여 자신의 모난 신앙이 깎이고 온전한 사람으로 자라게 하기 위함입니다. 그런데 자신을 돌아볼 수 있는 기회가 없다면 참으로 서글픈 일이라 생각합니다.

그러므로 떠돌이의 상태를 끝내지 않고는 평화 즉 '샬롬'을 누릴 수 없습니다. 차라리 육적인 고통의 자리에 있을지라도 영적인 고향이 있다면 샬롬을 누릴 수 있지만 육적인 만족의 상태에 있다 하더라도 영적인 떠돌이 상태에 있다면 샬롬을 경험할 수 없습니다. 하나님 나라는 샬롬의 나라입니다. 부활하신 주님이 제자들을 만나서 하신 첫 마디가 "샬롬"이었습니다. 그런 의미에서 샬롬을 소망할 수 없다면 우리의 신앙은 헛된 것입니다.

그런데 지금 우리 주변에는 너무나 많은 그리스도인들이 정착하지 못한 채 떠돌고 있습니다. 어디로 가야 할지 잘 보이지 않는 망망대해에 있다고 할 수 있습니다. 자신이 살던 고향에서 더 이상 견딜 수 없기에 뛰쳐나왔는데 막상 갈 길이 보이지 않습니다. 그리고 내리쬐는 태양 빛 아래서 이리저리 헤매고 있습니다.

이전에는 교회가 구원의 방주 역할을 하였습니다. 그런데 지금은 교회가 안전하다고 생각하지 않습니다. 그래서 절망하고 있는 것입니다. 고향이 있는데 갈 수 없고, 집이 있는데 들어갈 수 없습니다. 그리고 실망과 낙담과 원망과 분노만 남았습니다. 평화를 공급받아야 하는데 바닥이 났습니다. '샬롬' 없이 이리저리 찾아다니고 있습니다. 그래도 살아야 하니까 몸부림을 칩니다. 그래서, 그러나 인터넷과 TV 앞에, 라디오 앞에 눈과 귀를 기대봅니다. 하지만 인격적인 교제가 없으니 여전히 갈급합니다.

2. 샬롬의 교회가 필요하다

영적인 도피 생활을 멈춰야 합니다. 그렇지 않으면 영적 기갈로 죽음을 맞이합니다. 인격적 샬롬을 누리지 못하면 영적 기근에 허덕이다가 절망에 이르게 됩니다. 그리스도인에게 있어서 절망이란 참으로 끔찍한 일입니다. 키르케고르의 말과 같이 절망은 죽음에 이르는 병이기 때문입니다. 다시금 '영적인 샬롬'을 회복하여야 합니다. 교회가 할 일은 바로 여기에 있습니다. 교회는 '인격적 샬롬'의 진원지입니다. 그런 의미에서 교회는 샬롬을 알려주고 나누어야 합니다. 샬롬의 길이 무엇인지 가르치고 함께 누려야 합니다. 이것은 장차 '완성될 샬롬'을 연습하는 일입니다.

지금 영적인 고향이 있다면 감사하여야 합니다. 그리고 더욱더 열심히 나의 고향을 복되게 만들어야 합니다. 이것이 모든 공동체 지체들의 역할입니다. "샬롬의 공동체"는 한 사람의 신념으로 되는 것이 아닙니다. 교회로 부르심을 받은 모든 지체들이 한 마음과 한 뜻으로 감당해야 합니다. 우리에게 주어진 소명과 비전은 바로 "샬롬의 교회"를 만드는 일입니다.

물론 영적 공동체의 붕괴로 인하여 찾아갈 곳이 없다고 항변할 수 있습니다. 또한 영적 공동체에서 참된 환대와 인격적인 교제를 누릴 수 없다고 말합니다. 보이지 않는 차별이 있어 결국 교회로부터 도피하게 한 것이라고 말합니다. 참으로 서글픈 일입니다.

그러나 도피가 교회에 대한 환멸이 되어서는 안 됩니다. 그런 이유로 교회를 떠나는 것이 되어서는 안 됩니다. 지상의 교회는 언제나 불완전합니다. 하지만 교회만이 구원의 유일한 기관입니다. 교회로부터 잠시 도피한다면 그것은 오직 교회를 찾고 세우기 위함이 되어야 합니다.

교회를 안 나가는 것은 새로운 세상을 만나는 최상의 길이 되지 못합니다. 집을 외면하는 것은 오히려 큰 후회와 아픔으로 돌아옵니다. 그러므로 힘들지만 인내하면서 교회를 세우기 위한 마음의 준비를 가져야 합니다. 교회는 그리스도의 몸입니다. 그리고 우리는 그의 몸의 지체들입니다. 가지가 나무에서 떨어지면 오래 살지 못합니다.

앞으로 차분하면서 냉철하게 살펴보겠지만 우리가 필요로 하는 샬롬의 교회는 공동체적 사역입니다. 누구 혼자 나선다고 해결될 수 있는 부분이 아닙니다. 총체적 협업이 필요합니다. 그래서 냉정하게 진단하고 간절하게 치료하여야 합니다.

4장 도피 성도가 출현할 수 있었던 토양

1. 도덕적 타락

오늘날 한국 사회는 성경의 눈으로 볼 때에 매우 혼란스럽습니다. 시대의 변화에 따라 많은 곳에서 충돌을 하고 있기 때문입니다. 페미니즘, 동성애, 난민, 양심적 병역거부, 최저임금 인상 등 참으로 많은 일들이 우후죽순처럼 나타나고 있습니다. 거기에 여전히 진행 중인 현실인 남북의 분단은 생각이 다른 상대방과 편한 대화를 포기하게 합니다. 그래서 혼자 떠드는 일이 자연스러운 시대입니다.

이러한 혼돈의 시대에 성경의 사람으로서 우리는 어떻게 살아야 할지를 고민하지 않을 수 없습니다. 앞으로 시대는 점점 사상적 양극화가 강하게 진행될 것입니다. 그래서 서로를 향한 대결이 점점 커질 것입니다. 이러한 시대를 살아가는 것은 결코 쉬운 일이 아닙니다. 특별히 교회의 다음 세대들은 엄청난 혼돈을 맞이하고 있습니다. 자신 있게 자신의 신앙을 고백하지 못하는 것이 자연스럽습니다. 그러니 예수 믿음을 자랑하는 것은 언감생심이 되었습니다. 젊은 세대들이 점점 교회에서 도피하고 있는 것이 바로 이러한 현실을 대변하고 있습니다.

교회는 이러한 혼돈의 소용돌이 속에서 사회를 건져 내어야 할 책임이 있습니다. 그런데 교회가 건져 내기는커녕 소용돌이 속으로 밀어 넣고 있는 것은 아닌지 심히 염려가 되고 있습니다. 교회에서 정직한 질문에 정직한 답이 사라지고 강요된 답만 있다면 그것으로는 소용돌이 속에서 나올 수 없습니다.

한국 교회는 한국 사회의 모습을 비춰 주는 거울과 같습니다. 그런데 곳곳에서 한국 교회의 타락을 말하고 있습니다. 한국 교회를 향한 성토가 점점 거세어지고 있습니다. 이제는 교회를 세우는 것은 기적에 가까운 일이고, 세워진 교회를 지키는 일도 힘들다고 말하고 있습니다. 일부 대형 교회는 연일 많은 수의 사람들이 등록한다고 자랑합니다. 하지만 그 꽃다운 길도 얼마 남지 않았습니다. 큰 교회를 지탱하여 준 작은 교회가 죽어가고 있기 때문입니다. 샛강이 죽으면 큰 강도 죽게 됩니다.

그렇다면 한국 교회가 이렇게 말라가는 이유는 무엇인가? 이 질문에 대한 정직한 답이 있어야 합니다. 그러기에 이러한 혼돈이 어디서 왔는지 그 근원을 잘 살피는 것이 참으로 필요합니다. 세 가지 관점에서 살펴볼 수 있습니다.

첫 번째는 정통적인 관점으로 한국 교회의 도덕과 공정성의 타락입니다.

이것이 한국 교회의 혼돈의 핵심적인 원인입니다. 한국 교회를 질타하는 데 앞장선 손봉호 교수는 교회의 큰 위기를 무속화된 신앙, 번영신학, 비윤리적인 교회 성장, 그리고 차세 중심의 세계관이라고 말합니다.

> "한국 교회는 한국의 세계관을 결정하는 무속 신앙을 극복하지 못하고, 오히려 자체적으로 무속화했다. 돈, 명예, 권력 등 세속적인 성공을 성경적인 '복'으로 착각했다. 수단과 방법을 불문하고 성공만 하면 하나님의 복이라고 착각한 것이다. 또 교회가 성장하는 데 번영신학을 이용하기도 하였다. 자본주의적 경쟁관도 문제다. 교인 수와 헌금 액수, 예배당 크기와 교회 재산이 목회 성공의 잣대가 됐다. 복음 전파보다는 세속적 가치를 바탕으로 교회끼리 경쟁한다. '하나님 나라'보다 '우리 교회'가 절대적 가치가 된 것이다. 대부분의 교회와 그리스도인은 '우리 교회 우상'을 섬기고 있다. 비신사적이고 비윤리적인 방법을 이용해서라도 '우리 교회'가 세속적 의미로 '성공'하는 데 모든 열정을 쏟고 있다. 한국 기독교는 차세 중심적 세계관을 극복하지 못했다. 차세 중심적 세계관은 경쟁의식이 너무 강하다. 공부보다 등수가 더 중요하다. 경쟁의 내용은 돈과 권력, 인기 등 하급 가치에 머물러 있다. 상대적 박탈감이 심각할 수밖에 없다."[18]

---

18 「손봉호 교수 "한국교회 몰락해야 개혁될 것"」
   http://www.newsnjoy.or.kr/news/articleView.html?idxno=218549. 2018년 7
   월 14일

결국 이러한 모습이 한국 교회를 위기로 내몰았다고 말합니다. 그러기에 이러한 위기를 극복하려면 교회가 도덕적 권위를 회복하는 것이 중요하다고 말합니다.[19] 이렇게 교회의 도덕적 타락이 오늘날 교회의 위기를 가져왔다고 말합니다. 여기에는 목회자의 악의적인 세습과 성적인 일탈과 직분자들의 타락이 한몫하였습니다.

그래도 교회만큼은 다르지 하는 생각은 의미가 없어졌습니다. 이제는 교회도 똑같다고 말합니다. 이것이 거룩함이 사라진 교회의 비참함이고 현실입니다. 이 세상의 소금이 되어야 하는데 그 맛을 잃어버린 것입니다. 결국 내부와 외부에서 버림받은 상황이 된 것입니다.

2. 신학적 빈곤

두 번째, 신학의 빈곤입니다. 한국 교회의 문제를 제기하는 일단의 그룹은 한국 교회의 신학에 문제가 있다고 강변합니다. 그 중에서도 한국 교회가 이신칭의에 대하여 바르게 알지 못하였기 때문에 타락하였다고 말합니다. 이신칭의는 종교개혁의 정신이며 교회의 서고 넘어짐의 중요한 기준입니다. 그런데 이 교리가 실상은 한국 교회를 위기로 내몰았다고 말합니다. 이신칭의를 잘못 알아서 한번 구원받으면 영원 구원에 이르기 때문에 어떻

---

19 위의 글.

게 살아도 괜찮다는 생각을 갖게 하였다는 것입니다. 이것은 이단인 구원파의 교리입니다. 그런데 한국 교회가 이러한 잘못된 교리를 가짐으로 교회를 허물고 있다고 말합니다.

그 가운데 가장 강력하게 말하는 학자는 김세윤 교수입니다. 김세윤은 한국 교회 위기의 원인을 왜곡된 이신칭의에서 찾았습니다. 그는 아주 날카롭게 한국 교회의 타락을 비판하였습니다.

> "기독교인들은 사기를 치거나, 탈세해도 예수를 믿기만 하면
> 구원받을 수 있다고 생각한다. 이런 기독교인들은 '개독'이
> 니 '먹사'라는 소리를 들어도 싸다."[20]

이렇게 된 것은 잘못된 구원론 때문이라고 강조합니다. 즉 한국 교회가 왜곡한 칭의론은 잘못된 구원론을 가져왔다는 것입니다. 김세윤은 다음과 같이 말합니다.

> "교인들에게 신앙생활을 잘하면 천국에서 큰 상을 받고, 잘
> 못하면 아무것도 없다는 말로 신앙생활을 하도록 강요했다.
> 이것은 중세 로마 가톨릭교회가 면죄부를 파는 것과 같다."[21]

이러한 진단을 한 그는 한국 교회의 개혁은 이신칭의의 바른 회복에 있다고 말합니다.

---

20 「"교회 개혁, 삐뚤어진 칭의부터 바르게"」
　http://www.newsnjoy.or.kr/news/articleView.html?idxno=36202. 2018년 7월
　14일

21 위의 글.

"칭의는 죄인이 믿음으로 죄 사함을 받고 하나님나라의 새로운 백성이 되는 것이며, 이것이 예수님이 전하신 하나님나라의 복음과 일치한다. 그리고 여기서 끝나는 게 아니다. 바울이 말하는 '칭의'는 종말까지 하나님나라의 백성으로서 하나님나라의 법을 지키면서 사는 것이다. 그것이 산상수훈(마 5~7장)을 행하는 것이다. 바울이 말한 칭의의 원래 의미는 산상수훈의 가르침을 따르는 것이며, 이것이 한국 교회를 개혁하는 길이다."[22]

그러나 이러한 김세윤의 지적은 많은 신학적 저항을 일으켰고 그가 말한 유보적 칭의론은 신학 논쟁에 휩싸였습니다. 신학적인 문제가 한국 교회의 문제라고 지적하였던 그가 정작 신학적 논쟁을 일으키게 되었습니다. 그러나 한국 교회의 문제를 신학의 문제라고 본 부분은 유의미합니다.

한국 교회의 문제가 신학적 빈곤의 문제라는 지적에 적극적으로 공감합니다. 그런데 어떤 측면에서의 신학적 빈곤인지는 따져 볼 필요가 있습니다. 한국 교회는 첫 선교사들의 아름다운 신학을 물려받았습니다. 한국에 온 선교사들은 정말 열심을 다하여 바른 신학을 전수하였습니다. 한국어를 익히고 번역한 책이 바로 존 번연의 『천로역정』이었습니다.

한국 교회의 장점은 건강한 신학을 물려받았다는 것에 있습니다. 그러나 한국 교회도 성경 비평의 역사에서 자유롭지 못했습니다. 진보적인 신학에 의하여 교회는 흔들렸고 분리되는 아픔을 겪게 됩니다. 그러면서 신학에

---

22 위의 글.

대한 관심이 점점 줄어들었습니다. 여기에 한국전쟁을 이은 경제적인 궁핍함은 현세적 신앙을 강조하였습니다. 기복주의 신앙과 신비주의 신앙이 강력하게 대두되면서 한국 교회는 점점 신학적 기반이 약해졌습니다. 이제는 교파의 구분이 없을 정도로 기독교가 토속화되었습니다.

토속화된 기독교는 신학과 신앙고백에 관심이 없습니다. 오직 교회 성장이 핵심입니다. 성장한 교회와 성장하지 못한 교회만 존재합니다. 그리고 모든 기준을 성장에 두기 때문에 정직한 토론도 불가능합니다. 그래서 성장주의자들은 교회도 성장시키지 못하면서 신학만 언급한다고 우습게 여깁니다. 그리고 교회론은 언제나 대형 교회가 기준이 되어 버립니다.

이러한 모습은 개신교의 기반인 종교개혁의 신학과 신앙에서 멀어진 결과입니다. 한국 교회는 역사적이고 신앙고백적인 신앙에서 많이 이탈하였습니다. 이것이 근원적인 측면에서 한국 교회의 타락의 한 원인이라고 할 수 있습니다. 더구나 이러한 사실 앞에 한국 교회는 탈선된 이단들로 하여금 많은 타격을 받았습니다. 기독교를 정확하게 알지 못하는 사람들은 이단들도 동일한 기독교로 인식하였습니다. 이러한 모습은 기존 교회 성도들도 예외가 아니었습니다. 이들도 이단들의 포섭에 속절없이 무너졌습니다. 이러한 현상은 교회가 신앙고백이 없는 무속적 종교로 토속화되었기 때문입니다.

무속적 종교의 특성은 교리가 없습니다. 그동안 한국 교회에서는 반지성주의 신앙과 함께 신비주의적 체험이 강조되었습니다. 진리의 영으로서의 성령의 역사보다는 치유의 영으로서의 성령을 더욱 강조하였습니다. 그러자 교회는 점점 토속 종교가 되어 버렸습니다. 일종의 기독교적 샤머니즘이라고 부를 수 있습니다. 이렇게 교회는 오랜 시간 자신의 정체성을 잃어버리고 자연 종교화 되었습니다. 믿는 것이 무엇인지 알지 못하면서 교회를 다니는 현상이 자연스러워진 것입니다. 설교에서조차 복음보다 종교성을 더욱 강조하기 시작하였습니다. 이렇게 한국 교회는 무색무취가 되어가고 있었습니다.

신앙고백이 없는 교회는 터가 무너진 것과 같습니다. 결국 이러한 모습은 교회를 교회답게 만들지 못하였습니다. 성도를 성도답게 세우지 못한 것입니다. 바른 교리가 무너지니 이단들의 유혹에 넘어가고 결국은 교회를 떠난 것입니다. 그리고 자기 소견에 옳은 대로 신앙 생활하는 풍조가 점점 거세어졌습니다.

대표적인 모습이 직분자를 임직할 때 고백하는 서약문에 잘 나타나 있습니다.[23] 임직하는 날 다음과 같이 선서를 합니다.

> "본 장로회 신조와 웨스트민스터 신앙고백서 및 대소요리 문
> 답은 신구약 성경의 교훈한 도리를 총괄한 것으로 알고 성실
> 한 마음으로 받아 신종하느뇨?"[24]

이러한 고백은 자신의 신앙의 중심이 어디에 있는지를 분명하게 보여주

---

23 이 부분은 일반적으로 종교개혁의 정신을 유산으로 물려받은 장로교회에서 시행되고 있습니다.

24 대한예수교장로회 합동, 『헌법』(2007년 개정판), 175, 178, 182. 헌법에는 신앙고백서가 아니라 "신도게요"라고 되어 있습니다.

고 있습니다. 자신의 신앙을 어디에 둘 것인지를 서약하는 것이기 때문입니다. 그러나 안타깝게도 많은 이들이 신앙고백 없는 서약을 합니다. 교회의 중요한 근간이 되는 신앙고백서를 진지하게 공부하고 그에 걸맞은 고백을 하고 안수를 받아야 하는데 문답이 요식행위에 그치는 경우가 많습니다. 그래서 성경 따로, 목회 따로 하는 모습이 나타나는 것입니다.

이렇듯 직분을 받는 시작부터 자칫 거짓 고백을 하는 것을 볼 수 있습니다. 이것이 바로 자기 소견에 옳은 대로 신앙하게 하는 요인이라 할 수 있습니다. 직분자가 이 정도라면 일반 성도들은 더욱 빈약한 성경 지식 가운데 있다고 할 수 있습니다. 참된 믿음은 하나님을 향한 바른 지식과 신뢰와 확신으로 주어집니다. 그런데 이러한 믿음을 보는 것이 쉽지가 않습니다. 많은 성도들이 좀 더 편하고 가벼운 신앙을 추구하는 모습 때문입니다. 내가 무엇을 믿는지 모르고 믿는 것은 샤머니즘에 불과합니다. 이렇게 한국 교회는 신학적인 빈곤 가운데 종교적 센터로 성장하다 보니 그 한계치가 다가오고 있습니다. 바로 여기에 한국 교회의 혼돈이 자리 잡고 있습니다.

3. 기준의 해체

세 번째로 한국 교회의 혼돈에는 또 다른 원인이 큰 자리를 치지하고 있습니다. 바로 보편적 기준의 해체입니다. 이것이 진정한 의미에서 오늘날 한국 교회의 위기라고 생각합니다. 보편적 기준의 해체를 다른 말로 표현

한다면 포스트모더니즘의 편만이라고 할 수 있습니다. 우리 시대는 20세기에 시작된 포스트모더니즘이 이제 자연스럽게 교회와 사회 속에 녹아들고 있습니다. 그래서 사는 것과 생각하는 것의 괴리가 생기기 시작하였습니다. 그 대표적인 모습이 낙태, 동성애, 그리고 페미니즘, 성 정체성에 관한 부분들입니다. 매우 예민한 주제들이지만 교회 안에서조차 충돌을 일으키고 있습니다.

그런데 여기에만 머물지 않습니다. 결혼, 임신, 육아의 문제까지 전통적 가치를 흔들고 있습니다. 결혼을 꼭 해야만 하느냐는 소리가 높아지고 있습니다. 그래서 탈혼을 선언하는 세대들이 나타나기 시작하였습니다. 탈혼은 이혼에 대한 이 시대의 표현입니다. 이혼은 갈라서는 것이지만 탈혼은 결혼이라는 제도에서 탈출한다는 의미가 있습니다. 결혼이라는 제도를 속박으로 보고 있기 때문입니다. 아내와 남편의 역할에 저항하는 것입니다. 자신 역시 남자보다 부족한 것이 없는데 가정에 속박되어 있는 것에 저항을 하는 것입니다. 그리고 이렇게 된 것은 기존의 가치관이 가져다 준 열매라고 생각하는 것입니다. 그래서 이러한 제도에서 탈출하겠다는 것입니다.

그러니 계약 결혼이 자연스러운 모습이 되었습니다. 살아보고 결혼하겠다는 세대가 출현하였습니다. 그래서 결혼 후에 혼인신고를 하지 않습니다. 어떻게 될지 모르는데 혼인신고를 할 필요가 없다는 것입니다. 참으로 편리한 생각입니다.

그리고 결혼은 하되 아이는 갖지 말자는 세대와 아이는 갖고 싶은데 결혼은 하기 싫은 세대가 얽혀 있습니다. 오직 자신만의 즐거움을 위하여 결혼이라는 제도와 아이라는 존재를 소유하고자 하는 생각입니다. 그런데 이러한 모습이 우리 시대의 자연스러움을 만들고 있습니다.

지금까지 가지고 있었던 기준을 해체하는 것입니다. 그리고 혼자 사는 것을 장려하는 문화가 정착되고 있습니다. 이제 도덕의 기준도 흔들리고 있습니다. 부모를 공경하는 것이 아름답다는 생각을 누가 만들었냐고 말합니다. 도덕이라는 것이 어디에서 나왔느냐고 질문합니다. 본래적 인간의 모습을 찾자는 소리가 다양해지고 있습니다. 이러한 모습들이 지금 우리가 살고 있는 시대를 휘감고 있습니다.

이렇게 우리 시대는 기준에 대한 싸움이 절정을 향하고 있습니다. 우리가 생각하는 기준이 무엇이냐에 따라 참으로 많은 변화가 주어지기 때문입니다. 그런데 지금의 현실은 그동안 기준이라고 생각하였던 것을 모두 해체하고 있습니다. 그러다보니 기준이 사라졌습니다. 그리고 그곳에 51%의 생각이 기준이 되고 있습니다.

이것이 우리가 겪고 있는 현실입니다. 그러다 보니 촛불과 태극기로 양분되어 있는 현상을 볼 수 있습니다. 두 편이 다 옳다고 말할 수 없습니다. 그렇다고 디 틀렸다고 말할 수 없습니다. 각자의 기준에 따라 목숨을 건 싸움을 싸우고 있기 때문입니다. 그렇기에 앞으로 펼쳐질 우리의 삶은 엄청난 변혁을 맞이할 것입니다. 그 변혁에 교회는 그리고 우리는 어떻게 대처해야 할지를 바르게 결정해야 합니다.

5장 도피 성도를 유발한 교회의 질병[25]

"누구나 병에 걸릴 수 있다"

오래전에 개인적으로 온 몸에 빨간 점이 생기고 열이 오르고 눈가는 풍선같이 부풀어 오르고 잠은 안 오고 몸은 힘이 없고 이러다가 죽겠구나 하는 생각이 들 정도로 정신이 없었던 때가 있었습니다. 이렇게 아프면 찾아가는 곳이 병원입니다. 동네 의원을 찾아갔습니다. 그런데 차도가 없었습니다. 좀 더 큰 병원을 찾아갔습니다. 진단을 하고 약을 주었습니다. 하지만 차도가 없습니다. 오히려 통증의 범위가 더 넓어질 뿐입니다. 그러다가 양약에서 한약으로 변화를 시도하였습니다. 그런데 동일하게 차도가 없었습니다. 정말로 힘이 없는 상태에서 제 몸을 잘 알고 있는 중의인 장로님을 찾아 비

25　신동식,『빠름에서 바름으로』(고양: 우리시대, 2015), 12.
　　졸저에서 한국 교회를 멍들게 하는 적 13가지를 말하였습니다. "1. 대형 교회 바라보기, 2. 터가 무너진 공교회, 3. 무너진 성경의 권위, 4. 천박한 설교, 5. 부족한 구원관, 6. 재정의 불투명성, 7. 도덕적 무능력, 8. 도구주의 목회, 9. 혼합주의 교회, 10. 정치적 이념, 11. 탐심과 욕망, 12. 표지를 분실한 교회, 13. 빈약해진 은혜의 수단." 이 적들을 방어하지 못함으로 인하여 교회는 깊은 병을 얻게 되었습니다.

행기를 탔습니다. 그리고 거기서 문제의 근원을 찾았습니다. 침과 약을 반복하고 휴식을 취하였습니다. 2주 만에 차도가 있기 시작하였습니다. 그렇게 힘든 시간을 이기고 일상으로 돌아온 적이 있었습니다.

누구나 병에 걸릴 수 있습니다. 감기에도 걸리고, 전염병에도 걸릴 수 있습니다. 그런데 질병을 빨리 회복하기 위해서는 진단이 정확해야 합니다. 진단이 잘못되면 처방은 소용이 없기 때문입니다. 처방이 잘못되면 회복의 길은 요원합니다. 그래서 질병에서 건강한 삶으로의 전환을 위해서는 무엇보다도 정확한 진단과 처방이 있어야 합니다.

단지 우리의 육체의 문제만이 아닙니다. 우리의 영적인 삶도 동일합니다. 영적인 삶의 활력을 위하여 옳은 진단과 처방은 너무나 중요합니다. 그런 측면에서 도피 성도, 방황하는 그리스도인들이 발생하게 된 원인을 바르게 아는 것이 중요합니다. 정재영 교수는 『교회 안 나가는 그리스도인』에서 교회를 떠나는 교인의 유형을 세 가지로 분류합니다.

> "첫째 뚜렷하게 기성 교회에 불만을 가지고 교회를 떠나는 사람들이다. 둘째 특정 교회에 대한 불만보다는 교회라는 틀에 얽매이지 않고 자유로운 신앙생활을 원해서 교회를 떠난 사람들이다. 마지막 유형은 특별한 의식 없이 이사와 같은 환경의 변화나 개인적인 이유로 교회를 안 나가게 된 일종의 '귀차니스트'에 속하는 사람들이다."[26]

26　정재영, 『교회 안 나가는 그리스도인』(서울: 한국기독학생회출판부, 2016), 58.

이 가운데 정재영 교수가 주목하는 것은 바로 첫 번째 유형의 사람들입니다. 교회 안 나가는 이들의 목소리를 듣는 것이 한국 교회를 위하여 중요하다는 것입니다.[27] 그리고 이들이 교회를 떠나게 된 이유를 심층 인터뷰를 통하여 정리하였습니다.

교회를 떠난 사람들이 말하는 첫 번째 특징은 강요받는 신앙이 부담스럽다는 것입니다. 이들 가운데 일부는 새로 옮긴 교회에서 다시 받아야 하는 새 성도 교육이 무례하다고 생각합니다.[28] 그것이 신앙의 획일화라고 합니다. 다른 신앙관을 가진 사람들을 인정하지 않고 같은 부류 속으로 들어오기를 강요하는 것이 싫다는 것입니다.[29] 그리고 마지막은 헌금 강요입니다.[30] 이 모든 것이 다 강요받는 것이기에 교회를 떠났다는 것입니다.

두 번째 특징은 소통의 단절입니다. 일방적 기도와 설교와 나눔 들을 견디기 어렵다는 것입니다.[31] 세 번째 특징은 신앙과 삶의 불일치입니다. 이들이 가장 힘들어하는 것은 바로 성도들의 이원론식의 사고라는 것입니다.[32] 이들은 구원의 확신이 말로 끝나는 것이 아니라 삶으로 체화되어야 한다고 생각합니다.[33] 그런데 한국 교회의 현실이 그렇지 못하기에 실망을

---

27 위의 책, 59.

28 위의 책, 62-63.

29 위의 책, 69.

30 위의 책, 71.

31 위의 책, 77-92.

32 위의 책, 93. "교인이 교인답지 못하고 목사가 목사답지 못하고 교회가 교회답지 못한 한국 교회의 썩은 풍토에 일조하는 교회의 구성원으로 살아가고 싶지 않아" 교회를 떠났다.

33 위의 책, 96.

하고 교회를 떠났다는 것입니다.

정재영 교수의 인터뷰를 통하여 볼 수 있는, 교회를 떠난 이들의 실체는 매우 의미가 있습니다. 그러나 전체적인 내용을 볼 때 좀 더 객관적인 평가를 내려야 하지 않을까 하는 생각이 들었습니다. 정재영 교수도 언급하기를, 이들의 문제의식에서 엿볼 수 있는 것은 교회 내부의 문제에만 집착하고 있어서 교회 외부의 문제에 대해서는 관심이 없는 경우가 많다는 것입니다.[34] 실제로 이들의 인터뷰는 심각함이 결여되어 있는 듯이 보였습니다. 그러기에 아쉬움이 있기도 합니다. 이에 대하여 좀 더 솔직하고 깊이 있는 진단이 필요하다고 생각합니다. 세 가지 정도의 문제로 끝낼 것이 아니라 좀 더 정직하게 이 문제를 살펴보아야 합니다. 도피 성도, 즉 교회로부터 도피한 이들의 이유에 대하여 교회적 측면에서 냉정하게 진단할 필요가 있습니다. 여기에는 정재영 교수의 진단과 중첩되는 부분도 있습니다. 그러나 사회학적인 접근이 아닌 현장 목회의 관점과 교회적 관점에서 요인을 살펴보려고 합니다.

악성 질병

성도들이 교회로부터 도피하게 된 가장 분명한 이유는 교회가 큰 병에 걸렸기 때문입니다. 즉, 교회가 악한 전염병에 걸렸기에 성도들이 피하는 것입니다. 교회는 치료의 현장이 되어야 하는데 교회가 질병을 옮기기에

---

34 위의 책, 148.

성도들이 교회에서 도피하게 된 것입니다. 그렇기에 영적인 방황을 일으키는 교회의 악성 질병에 대하여 언급하지 않을 수 없습니다. 물론 신학적인 측면에서의 교회론을 말하고자 함이 아닙니다. 실천적인 측면에서 '도피 성도'를 출산하고 있는 교회의 모습을 생각하고자 합니다.

우리는 지금의 교회가 성도들에게 얼마나 신뢰를 주고 있는지 진지하게 되짚어 보아야 합니다. 기독교윤리실천운동(기윤실)이 지속적으로 조사한 '한국 교회 신뢰도 조사'에 의하면 한국 교회의 신뢰도는 참으로 부끄러울 정도입니다. 도대체 이러한 상황에까지 처하게 된 이유가 무엇이겠습니까? 부정할 수 없는 사실은 교회가 제 역할을 감당하지 못하였다는 것입니다. 그 실체를 차례대로 살펴보고자 합니다.

교회의 질병 1_ 언행불일치: 예수님은 좋은데 교회는 싫다

> '예수님은 좋은데 교회도 싫고, 교회 다니는 사람들도 좋아
> 하지 않는다.'

도피 성도들이 이렇게 말하는 것은 경험하는 교회와 성경이 보여주는 교회가 이질적인 모습을 가지고 있기 때문입니다. 성도들이 교회에 대하여 많이 듣습니다. 교회가 무엇인지 안 가르치는 교회는 없습니다. 새 가족 공부부터 교회가 무엇인지를 가르칩니다. 모든 성경 공부에서 교회에 대한

이야기가 빠지는 적이 없습니다. 그럼에도 불구하고 확고한 지식의 부족이라고 말하는 것은 가르치는 교회가 가르침대로 세워지지 않기에 배우는 성도들이 확신을 갖지 못한다는 의미입니다.

성경이 말하고 가르치는 대로 교회가 세워졌다면 교회는 좀 더 건강하였을 것입니다. 교회에 대하여 배운 지식을 말해 보라면 잘 대답합니다. 그런데 너희 교회는 어때? 하고 물을 때 자신이 없어진다는 것입니다. 성경이 말하는 교회와 우리가 경험하는 교회가 같아져야 합니다. 격차가 벌어지는 것이 아니라 점점 가까워질 때 비로소 교회가 신뢰를 얻습니다. "예수님은 좋은데 교회는 싫다"는 말은 전혀 성립될 수 없는 말인데도 불구하고 너무나 자연스럽게 들립니다. 이것은 우리가 경험하는 교회와 성경이 보여주는 교회가 하나 된 모습을 가지고 있지 못하기 때문입니다. 결국 이러한 모습으로 인하여 많은 사람들이 교회를 비판하고, 성도의 자리에서 영적 방랑자의 자리로 떨어지고 마는 것입니다.

지상의 모든 교회는 그리스도가 설립자입니다. 예수님은 자신의 교회를 세운다고 말씀하셨습니다(마 16:18). 그러므로 교회의 머리는 예수 그리스도입니다. 교회는 예수 그리스도의 몸입니다. 그러므로 교회는 예수 그리스도의 정신에 따라 세워져야 합니다. 동시에 우리는 그의 지체들입니다. 즉 교회는 예수 그리스도를 중심으로 하는 지체 공동체입니다. 그런 의미에서 교회를 떠난다는 것은 그리스도의 몸에서 떨어지겠다는 뜻이 됩니다.[35] 성도가 의미 있는 존재가 되는 것은 교회로 있을 때입니다. 교회로

35　여기서 우주적 교회와 지역적 교회를 분리하지 않았습니다. 우주적 교회(universal

있지 않고서는 성도는 더 이상 성도의 의미를 가질 수 없습니다. 이 사실을 깊이 인식해야 합니다.

교회는 철저하게 성경이 말씀한 바를 살아 내려고 몸부림을 쳐야 합니다. 그렇지 않으면 외식적인 모습으로 가득 차게 되고 교회인지 사업체인지 구분할 수 없는 상황에 이르게 됩니다.

예수님이 좋으면 교회도 좋아야 합니다. 이것을 교회가 놓치고 있습니다. 교회를 비판하는 것을 단순히 믿음 없음으로 치부하기 전에 교회가 예수님처럼 선망의 대상이 되지 못한 이유를 철저하게 살펴야 합니다.

성경이 보여주고 있는 아름다운 교회의 좋은 모델은 아마도 예루살렘 교회와 안디옥 교회라고 생각합니다. 예루살렘 교회는 성경이 가르치는 대로 살았습니다. 그러기에 온 백성에게 칭찬을 받고 구원받는 자가 더하여졌습니다.[36] 안디옥 교회는 이방에 세워진 첫 번째 교회였습니다. 안디옥 교회는 시작부터 말씀에 기반한 교회였습니다. 안디옥 교회는 바나바와 바울을 통하여 양육을 받았습니다. 그리고 그리스도인이라는 칭호를 듣게 되었습

---

church)는 거룩한 보편적 교회(holy catholic church)로서 지역교회를 통하여 알아갑니다. 지역교회 없이는 우주적 교회는 이해할 수 없습니다. 성경은 우리에게 이 땅에서 지역교회를 세우라고 하십니다. 그리고 그것이 우주적 교회를 세워 나가는 것이라 말합니다. 하나님 나라는 그런 의미에서 우주적 교회라고 말할 수 있습니다. 우주적 구원받은 자들의 총합입니다. 그러므로 우주적 교회의 일원이라면 그는 결코 교회에서 떨어질 수 없습니다. 영생을 주기로 작정된 자는 다 믿게 되어 있습니다. 그러나 우주적 교회에서 떨어지는 것은 불가능합니다. 그래서 교회를 떠나는 것은 영생의 자리에서 떠나는 것입니다. 그런데 이러한 우주적 교회의 모습은 지역교회를 통하여 배우게 됩니다. 지역교회는 우주적 교회의 모형이기 때문입니다. 그러므로 지역교회를 떠나서 우주적 교회의 일원으로 산다는 것은 불가능합니다. 우주적 교회의 회원은 지역교회의 일원이기 때문입니다. 물론 지역교회의 일원이 무조건 우주적 교회의 일원됨은 아닙니다.

36 "하나님을 찬미하며 또 온 백성에게 칭송을 받으니 주께서 구원받는 사람을 날마다 더하게 하시니라"[행 2:47]

니다.[37] 그리고 바울과 바나바를 선교사로 보냄으로써 교회의 직무를 온전히 감당하였습니다.[38]

이곳에서 제자들은 '그리스도인'이라는 칭호를 받았습니다. 이러한 결과는 안디옥 교회가 아는 것과 믿는 것에 있어서 하나가 되었기 때문입니다. 선포하는 대로 교회는 살았습니다. 주일에 듣는 말씀과 동일하게 교회는 존재하였습니다. 하지만 말과 행함이 일치하지 않을 때 교회는 그 힘을 상실하게 됩니다. 결국 역사의 현장에서 사라지는 것입니다.

교회가 보여주어야 할 것은 성경을 현실로 나타내는 일입니다. 복음을 증거하고, 가난한 자와 과부와 고아를 돌아보아야 합니다. 자신의 배를 만족시키는 것으로 끝나지 않고 이웃을 위한 예수님의 사랑과 나눔과 긍휼을 베푸는 것입니다. 언행 불일치라는 질병을 치유하는 것이 도피 성도를 막는 시작이 됩니다.

교회의 질병 2_ 직무 망각: 정체성을 상실하다

교회는 영적 생명을 잉태하고 출산하는 곳입니다. 교회를 통하여 성도는 태어납니다. 교회 없이 성도가 존재하지 않습니다. 그런 의미에서 교회는

---

37 "만나매 안디옥에 데리고 와서 둘이 교회에 일년간 모여 있어 큰 무리를 가르쳤고 제자들이 안디옥에서 비로소 그리스도인이라 일컬음을 받게 되었더라"[행 11:26]

38 "이에 금식하며 기도하고 두 사람에게 안수하여 보내니라"[행 13:3]

성도의 어머니라고 할 수 있습니다. 어머니로서의 교회가 무너지면 우리는 방황하게 됩니다. 어머니가 없는 자녀를 생각하여 보시기 바랍니다. 참으로 불쌍하기 그지없습니다. 믿음의 선배들은 교회를 어머니라 부르지 않고서 하나님을 아버지라 부를 수 없다고 하였습니다. 이렇듯 교회는 생명의 젖줄입니다.

그런데 어머니가 자녀에 대한 책무를 감당하지 못한 것입니다. 자녀를 방치한 것도 모자라 불평과 원망과 분노와 적대감을 갖게 만들었습니다. 그래서 자녀가 어머니를 박차고 나가버린 것입니다. 어머니를 잃은 자녀가 행복하겠습니까? 결코 행복할 수 없습니다. 하지만 어머니에 대한 분노가 너무나 커서 가까이할 수 없는 상황이 되고 어머니를 피해 있지 않으면 안 되게 된 것입니다.

어떻게 보면 자녀가 불효를 행하고 있다고 생각할지 모르겠습니다. 하지만 자녀를 분노케 한 부모는 하나님 앞에 정당하지 못합니다. 성경은 부모의 책무에 대하여 너무나 분명하게 말씀하고 있습니다.[39]

자녀를 노엽게 하는 것은 부모의 일이 아닙니다. 부모는 자식을 자기 마음대로 양육하는 자가 아닙니다. 이것은 이방인이나 하는 일입니다. 그리스도인은 "주의 교양과 훈계"로 자녀를 양육합니다. 철저하게 하나님의 뜻을 따라 양육하는 것입니다. 그것은 부모란 하나님께로부터 자녀에게 보냄받은 청지기이기 때문입니다. 자녀를 하나님의 뜻을 따라 양육하여 하나님

---

39 "또 아비들아 너희 자녀를 노엽게 하지 말고 오직 주의 교양과 훈계로 양육하라"
　　[엡 6:4]

의 부르심에 돌려드리는 것이 바로 부모의 참 소명입니다. 그런데 어찌 자녀를 자기 마음대로 키울 수 있겠습니까?

교회가 어머니라는 표현은 성도를 향하여 어떠한 자세를 가지고 있어야 하는지를 보여줍니다. 자녀는 부모를 공경합니다. 부모는 자녀를 노엽게 하지 않고 주의 교양과 훈계로 양육합니다. 이럴 때 하나님의 뜻을 온전히 이루는 것입니다. 하지만 이 관계가 무너지면 분열이 생기는 것입니다.

세상으로 도피하는 성도들의 모습에서 볼 수 있는 것이 바로 어머니인 교회에 대한 원망과 고통입니다. 떠나면 안 되는데 떠날 수밖에 없는 현실이 너무나 큰 고통입니다. 어머니가 자식을 문 밖으로 내몬다는 것이 상상이나 됩니까? 그런데 많은 이들이 그 품을 떠났습니다.

자녀를 노엽게 한 것입니다. 몰아낸 것입니다. 그런데 그 사실을 인지하지 못하고 있습니다. 이것은 철저한 직무유기입니다. 아주 무서운 병입니다. 이 병을 치유하여야 합니다. 그렇지 않으면 떠난 자식이 돌아오는 날이 너무나 길게 미루어질 것입니다.

교회는 어머니입니다. 교회는 생명 낳는 곳입니다. 그리고 자녀를 양육하는 곳입니다. 교회가 이 일을 위하여 존재합니다. 이것이 교회의 일차적 사명입니다. 교회가 이 사명을 망각하면 안 됩니다. 교회는 철저하게 주의 교양과 훈계로 세워져야 합니다. 이것이 무너지고 자의적 교훈이 판을 치거나 세속적 가르침으로 교회를 세우려고 할 때 성도의 도피는 막을 수 없습니다.

어머니가 건강할 때 자식들이 건강합니다. 그런데 오늘 한국 교회라는 어머니가 직무를 망각하는 병이 들었습니다. 그래서 자식이 마음 둘 곳이 없어서 방황하고 있습니다. 그런데 어머니가 자신이 무엇을 위하여 존재하는지 그리고 어떻게 삶을 감당해야 하는지를 상실하고 말았습니다. 어머니가 깊은 병을 앓고 있습니다. 그러자 자녀들이 병들어 가는 것입니다. 어머니의 병을 고쳐야 합니다.

교회의 질병 3_ 기억상실: 표지를 상실하다

모든 교회를 참된 교회라고 말할 수 없습니다. 참된 교회가 있듯이 거짓된 교회가 있기 때문입니다. 참된 교회는 생명을 출산하지만 거짓된 교회는 멸망에 이르게 합니다. 그러므로 참된 교회를 바르게 알고 있어야 합니다.

참된 교회의 표지는 믿음의 선배들이 한결같이 외쳤듯이 바른 말씀이 선포되고 성례 그리고 성경적인 권징이 시행되는 교회입니다. 바른 말씀이 선포되는 교회란 성경이 말하는 것을 말하는 교회입니다. 성경을 통하여 성경을 해석하는 교회입니다. 성경을 강해하는 교회입니다. 자신의 철학과 욕망을 전하는 교회가 아니라 성경이 말하는 것을 말하는 교회입니다. 그래서 칼빈이 말하였듯이 성경이 가는 데까지 가고 성경이 멈추는 데서 멈추는 것입니다. 이것이 참된 교회의 모습입니다. 그래서 참된 교회의 아름다움 가운데 하나는 성경을 연속 강해하는 것이라 할 수 있습니다. 그것이 강해의 전부라는 것은 아닙니다. 그러나 연속 강해는 설교자로 하여금 성경에 복종하게 하기 때문에 가장 좋은 설교라고 생각합니다.

바른 말씀의 선포란 계시의 원천인 성경을 강해하는 것입니다. 또한 가능하면 책 별로 설교하는 것입니다. 성경이 신앙의 시작과 끝이라는 것입니다. 성경을 통하여 우리는 삼위 하나님을 충만하게 알 수 있습니다. 또한 예수 그리스도를 통하여 구원의 영광을 누립니다. 이 모든 것이 성경을 통하여 옵니다. 그러므로 어떠한 신비한 일도 성경의 빛 아래 있어야 합니다. 성경과 신비한 일이 충돌할 때 과감하게 신비한 체험을 쓰레기처럼 버려야 합니다. 예를 들어, 성경에는 예수님의 재림의 때가 언제인지 알 수 없다고 말합니다. 그런데 누군가가 환상을 통해 그 때를 들었다고 주장한다면 환상을 버려야 합니다. 그것은 성령의 선물이 아니기 때문입니다. 성령의 역사도 오직 말씀의 빛 아래 있습니다. 이 진리를 전하는 것이 참된 교회입니다.

또한 참된 교회는 바른 성례가 집행되는 교회입니다. 세례와 성찬이 신실하게 집행되는 교회가 참된 교회입니다. 세례는 성도의 공적인 고백입니다. 세례를 통하여 한 가족임을 보여주는 외적 표지 가운데 하나입니다. 우리의 구원에 대한 최종 판단은 하나님이 하시지만 우리의 눈에 보이는 믿음의 고백은 바로 세례를 통하여 이루어집니다. 세례는 새 생명의 탄생을 온 성도들이 함께 목격하는 시간입니다. 그러므로 세례는 교회의 가장 큰 축제 가운데 하나입니다. 교회의 살아 있음을 바로 세례를 통하여 볼 수 있습니다.

그리고 성찬입니다. 성찬은 보이는 설교입니다. 설교가 듣는 것이라면 성찬은 보는 것입니다. 특별히 성찬은 주님께서 직접 명하신 것으로 주님 오시는 그 날까지 지켜야 합니다. 그러므로 성찬이 바르게 시행되지 않으면 참된 교회라 말할 수 없습니다. 성찬 시에 주님께서 영적으로 임재하십니다. 이 땅에서 이뤄지는 성찬은 동시에 하나님 앞에서 시행됩니다. 성찬의 자리는 주님과 함께하는 참으로 복 있는 자리입니다. 주님의 피와 살을 함께 먹고 마심으로 주님과 온전히 하나가 되는 시간이 바로 성찬입니다. 그런 측면에서 성찬은 자주 시행되는 것이 좋습니다. 1년에 6번 이상은 성찬이 시행되어야 합니다. 그래서 설교를 눈으로 보고, 주님과 깊은 영적인 연합 가운데 거하는 시간을 가져야 합니다. 주님 오시는 날까지 기념하는 성찬의 바른 시행이 바로 참된 교회의 표지라 할 수 있습니다.

또한 성경적인 권징입니다. 이 부분이 너무나 안타깝습니다. 교회의 권징이 시행되지도 않을뿐더러 시행되어도 정직하지 못하고 정치적인 권징이 되다 보니 대부분은 불복하고 사회 법정으로 가는 것을 봅니다. 더 이상 교회의 판결을 믿지 않습니다. 이것은 교회가 한 쪽 기능을 상실하였다는 것을 의미합니다. 성추행을 한 목사와 교회법을 어기고 세습한 목사를 권징하지 않았습니다. 또한 신앙고백에 합당하지 못한 직분자들을 권징하지 않습니다. 막말과 욕설을 하고, 폭력을 일삼는 성도들을 교회는 방치하였습니다. 돈으로 직분을 사는 현대판 성직매매가 일어나도 권징이 없습니다. 노회에는 힘이 있으면 법은 의미가 없다는 생각이 파다합니다. 이런 사고방식은 개교회 직분자들에게서도 볼 수 있습니다. 그러니 교회의 거룩함을 볼 수가 없는 것입니다.

권징은 사람을 파괴시키려고 하는 것이 아닙니다. 교회를 거룩하게 함과 성도의 구원을 위하여 시행되는 것입니다. 그런데 이러한 권징이 합당하고 정직하게 시행이 되지 않으니 교회는 자기 소견에 옳은 대로 행동하고, 소리 큰 사람이 이기고, 돈 있는 사람이 정의가 되는 시장 바닥이 되어 버렸습니다.

교회의 표지가 사라진 교회는 더 이상 구원의 역할을 감당할 수 없습니다. 그런데 한국 교회가 표지를 상실한 역병에 걸려 버리고 말았습니다. 어디서부터 회복해야 할지 난감한 상태라 할 수 있습니다.

여기에 더하여, 오직 성경을 통한 구원의 길을 알려주는 것이 아니라 성경 이외에도 다른 길이 있다는 뉘앙스를 주었습니다. 그래서 말씀에서 떠나서 신비한 체험에 빠지기 시작하였습니다. 말씀만으로는 신앙생활이 안 된다는 생각을 가지게 된 것입니다. 이러한 생각은 급기야 "성경은 그렇게 말하지만 나는 그렇게 생각하지 않는다" 하는 이상한 기독교를 만들어 버렸습니다. 또한 "설교로 사람을 변화시킬 수 없다"는 생각을 갖게 하였습니다. 결국 말씀에 대한 온전한 믿음과 순종이 사라지면서 그 자리에 사람의 소리가 채워지기 시작한 것입니다. 번영신학이라고 부르는 기복주의가 주도권을 잡았습니다. 번영신학에 물들자 바른 교리는 사라지고 간증이 넘쳐나기 시작하였습니다. 연예인들과 성공한 사람들이 강단을 대신 채우기 시작하였습니다. 말씀이 선포되어야 할 강단이 사람들의 간증거리로 가득 차게 된 것입니다.

결국, 한두 번 감동을 받았을지 모르지만 믿음은 점점 빈약해지기 시작하였습니다. 간증 맛을 본 사람은 말씀이 아니라 맛을 찾아다니기 시작합니다. 더 큰 감동을 주어야만 만족하는 신앙이 되어 버린 것입니다. 결국 교회는 교회의 표지를 세우는 데 온 힘을 쏟기보다는 감성적인 것에 힘을 쏟다가 새로운 세대에게 외면받게 된 것입니다.

한국 교회는 도피 성도 중 30-40대가 가장 많다는 것을 뼈아프게 인식하여야 합니다. 번영신학에 질려 버린 새로운 세대가 결국 교회로부터 도망간 것입니다. 성경적 공의가 사라진 교회에서 무슨 가치를 찾겠습니까? 자신의 의무를 상실한 교회는 더 이상 소망의 항구가 될 수 없습니다.

교회의 질병 4_ 세속주의: 세상과 타협하다

교회는 반석 위에 세워집니다. 반석은 예수 그리스도이며, 그분의 말씀입니다. 그러기에 교회는 말씀을 전하는 것이 소명입니다. 교회가 할 일은 예수 그리스도를 증거하는 일입니다. 그의 말씀을 정직하게 전하는 일입니다. 교회의 우선순위가 흔들려서는 안 됩니다. 그렇게 예수 그리스도가 증거된 교회가 세상의 빛과 소금의 역할을 합니다.

그런데 예수 그리스도를 증거하는 교회는 그분의 삶을 살아야 합니다. 예수님이 오셔서 가르치신 것은 회개와 하나님 나라였습니다. 회개 없이 하나님 나라는 기대할 수 없습니다. 회개는 죄를 알게 하고 죄로부터 돌아오게 하는 것입니다. 자신이 죄인이라는 비참한 사실을 깨닫지 못하면 예수 그리스도의 십자가를 구하지 않습니다. 그러므로 교회는 처절하게 죄에 대해 선포해야 합니다. 그리고 그리스도의 은혜의 복음을 전해야 합니다. 이것이 바로 선 교회가 참된 교회이며, 교회의 의무를 감당하는 것입니다.

그런데 교회에 들어온 세속화의 물결은 더이상 죄에 대한 설교를 원치 않습니다. 오히려 세속주의의 첨병인 번영신학에 물든 설교를 요구합니다. 교회가 세속주의에 물들면 짝퉁 복음이 주인 노릇합니다. 세상을 향하여 날선 복음을 전하는 것이 아니라 적당히 타협합니다. 그렇게 되면 부패한 본성을 향한 회심과 죄에 대한 회개가 급속히 줄어듭니다. 사는 것도 힘든데 위로는 못 해 줄 망정 무슨 죄에 대해 강조하느냐고 항변합니다. 그 항변은 번영 신앙을 쫓아 교회를 옮김으로 나타납니다.

하지만 교회가 잊지 말아야 할 가르침은 죄 죽임에 대한 분명한 말씀입니다. 우선 죄를 죄라고 선포하지 않는 교회는 참된 교회라고 말할 수 없습니다. 하나님은 죄에 대하여 결코 용납하지 않으십니다. 그러나 회개하는 자에게는 사랑으로 갚아 주십니다. 그러므로 교회는 죄를 바르게 선포하고 죄 죽임을 가르치고 권징을 바르게 시행하여야 합니다. 그것이 교회를 살리는 것입니다. 비록 교회가 더디 성장하더라도 참된 교회로 세우는 바른 길입니다.

오늘날 한국 교회는 죄에 대하여 심각하게 인지하고 있지 않습니다. 그것은 목사들의 설교에서 죄에 대한 경각심이 낮아졌기 때문입니다. 안 하는 것이 아닙니다. 약해졌다는 것입니다. 존 번연이 『천로역정』에서 보여

준 것같이 천국 문 앞에도 지옥으로 떨어지는 옆문이 있음을 설교해야 합니다. 그럴 때 철저한 회개의 자리에 이르게 하는 것입니다. 값싼 구원을 가르치면 안 됩니다. 그리스도의 순종으로 의롭게 된 우리의 삶이 얼마나 복되고 소중한 존재인지 알아야 합니다. 오직 죄에 대한 바른 인식과 참된 회개의 자리에 서야 합니다.

이러한 가르침이 있다면 적어도 참된 교회의 기본을 하고 있다고 할 수 있습니다. 우리의 교회가 이러한 모습으로 바르게 서 있는지 보아야 합니다. 그렇지 않으면 교회는 가볍게 되고 구원의 기쁨과 영광도 무가치해집니다. 교회가 무엇인지, 참된 교회의 기본적인 모습을 담고 있는지 살펴야 합니다. 그렇지 않으면 거짓된 교회에 머물게 됩니다. 교회는 내가 지키는 곳이 아닙니다. 그리스도의 가르침이 존재할 때 지켜집니다. 교회의 주인은 그리스도이십니다. 그리스도가 교회를 지키십니다. 그리스도의 가르침에 합당하지 않은 교회는 그리스도의 교회가 아닐 수 있습니다. 그러므로 거짓된 교회에서 머뭇머뭇해서는 안 됩니다. 거짓을 개혁해야 합니다. 그리고 참된 교회를 세워야 합니다.

이렇게 회개의 복음이 선포되면 비로소 성도들은 삶의 현장에서 하나님 나라를 건설하는 일을 합니다. 하나님의 통치를 삶의 모든 영역에 나타내는 십자가의 삶을 살아갑니다. 그런데 교회가 이 직무를 가볍게 여기고 소홀히 한다면 성도는 하나님 나라를 살 수 없습니다. 교회의 거룩한 소명을 보지 못하면 더 이상 교회에 있어야 할 가치를 느끼지 못합니다. 그러면 교회로부터 도피하게 됩니다. 교회는 예수님의 복음을 전하는 일에 결코 세상과 타협하지 말아야 합니다.

교회의 질병 5_ 탐심비대증: 권력과 탐욕의 도구

교회는 권력의 도구가 아닙니다. 교회는 오직 사랑으로 진리를 전하는 곳입니다. 교회가 자신의 본질을 망각할 때 나타나는 것은 바로 권력입니다. 교회의 지도자들이 교회를 사유화하려는 움직임이 나타납니다. 목사와 장로가 목이 곧아집니다. 자신의 신앙이 대단하여서 그 자리에 있다고 착각을 합니다. 아닙니다. 벌레만도 못한 자였는데 하나님께서 은혜를 주셔서 복음의 도구가 되라고 세우신 것입니다. 그런데 이 사실을 모르고 직분을 권력의 도구로 삼고 교회를 권력의 기반으로 삼고 있습니다.

성경이 말하는 것과 하등 관계가 없습니다. 교회를 권력의 도구로 삼는 자가 어찌 하나님 앞에 설 수 있겠습니까? 이 땅에서 부귀와 영화를 누린 권력자들이 천국의 영광을 과연 볼 수 있겠습니까? 교회는 권력의 도구가 아니라 사랑으로 진리를 전하는 곳입니다. 이것이 성경이 누누이 가르치는 일입니다.

복음의 통로로서 교회가 존재합니다. 그리고 이 교회를 통하여 구원받는 이들이 나타납니다. 그러므로 교회는 철저하게 사랑의 진리를 전하여야 합니다. 내적으로 복음을 확고하게 선포하고 밖으로는 온 백성에게 칭찬받는 자리에 서야 합니다. 그 일을 위하여 가난한 자를 비롯한 사회적 약자를 돌아보고, 하나님의 공의를 드러내는 일에 열심을 다해야 합니다. 그렇지 않다면 교회는 결코 구원의 기쁨이 될 수 없습니다.

그러나 교회가 맘몬과 권력에 미혹당하면 더 이상 교회를 통하여 정직한 복음이 증거되지 않습니다. 한국 교회는 유례없는 성장을 하였습니다. 그것이 하나님의 축복이라고 하였습니다. 교회사 가운데 한국 교회는 너무나 독특한 영광을 누렸습니다. 그래서 세계 최대 교회가 있다는 자랑을 하고 다녔습니다. 그런데 그 영광이 지금은 점점 사라지고 있습니다.

초대형 교회들의 부정과 탈법과 성추행과 함께 권력 세습이라는 불의한 일이 일어나고 있습니다. 어떤 목사는 이병철과 이건희도 기업을 자녀에게 물려주는데 교회를 물려주는 것이 왜 잘못이냐고 말합니다. 이러한 궤변이 어디 있습니까? 교회를 기업으로 여기고, 철저한 사유화를 추구하는 사악함을 보여주는 망발입니다.

더구나 10만 교인을 자랑하는 한 교회는 노회도, 총회도 무시한 채 북한의 독재자처럼 자신의 아들에게 교회를 세습하였습니다. 그 아들은 한술 더 떠서 자신의 아비를 영원한 당회장으로 모시자는 말을 하였습니다. 참으로 참담한 말을 하고 있습니다.

지금 이런 교회들이 한두 군데가 아닙니다. 스스로 창피를 모르는 사람들이 난무하고, 온갖 미사여구로 자신들을 치장하고 있습니다. 교회를 철저하게 자신의 권력의 도구로 삼는 이들입니다. 그런 목사가 어찌 진리를 전할 수 있겠습니까? 죄를 선포하고, 그리스도의 십자가를 말할 수 있겠습니까? 복음이 없는 교회는 사단의 소굴입니다. 사단의 소굴에 누가 거하겠습니까? 탐욕은 사망에 이르는 길입니다. 멸망으로 가는 지름길입니다.

칼빈은 로마 가톨릭 주교들의 세습을 참혹할 정도로 비판하였습니다. 그는 교회 개혁이 일어나야 할 이유로 교황들의 세습을 예로 들었습니다. 교황들은 자신들이 자녀가 없으니까 조카들에게 교황직을 물려주었습니다. 이러한 부끄러움이 종교개혁의 원천이었음을 기억해야 합니다. 물질에 대한 탐욕은 교회를 허무는 일입니다. 하나님은 탐욕으로 가득 찬 교회를 결코 기뻐하지 않으십니다. 탐심이 잉태하여 사망에 이르기 때문입니다. 교회가 탐심으로 자랑할 때 그 죽음의 시간은 빨라지고 있음을 기억해야 합니다.

더구나 탐욕으로 가득 찬 교회는 하나님 나라와는 아무 관계가 없습니다. 그러므로 교회로부터 도피하는 성도들이 나타나는 것입니다. 탐심이 비대하면 반드시 터져 죽는 것을 알아야 합니다.

교회의 질병 6_ 불투명성: 공동체의 거짓 포장

이 문제는 아주 미약한 것 같지만 나중에는 교회를 허물게 합니다. 이 땅에 공존하고 있는 각종 이단들이 교회를 공격할 때 가장 중점적으로 말하는 것이 바로 교회의 정직성과 투명성입니다. 재정의 투명성만이 아닙니다. 직분을 세우는 일에서도 동일합니다. 교회는 직분자를 세울 때 참으로 정직하고 투명하여야 합니다. 이 일에 실패하면 도피 성도를 양산하게 됩니다. 그래서 정직한 기준을 가지고 있어야 합니다. 또한 재정의 투명성은 두말할 필요가 없지만 한국 교회가 가장 많이 잘못하고 있는 부분입니다.

최선을 다하여 이 부분을 감당해야 합니다. 이 일만 잘 해도 교회는 건강을 회복할 수 있고 도피 성도 사태를 막을 수 있습니다.

외형이 아무리 화려해도 속이 썩어 있다면 그것은 가치가 없습니다. 썩은 것은 버리게 되어 있습니다. 그의 고향은 쓰레기통입니다. 교회가 이렇다면 어떻게 되겠습니까? 썩은 냄새가 나는 곳에 누가 모이겠습니까? 처음에는 화려함에 속아서 한 번, 두 번 나올 수 있지만 이내 그 냄새의 진원을 알게 되면 견딜 수 없게 됩니다.

교회의 건강성은 그 정직함과 투명함에 있습니다. 정직함은 우선 말씀에 대한 정직함입니다. 정직한 그리스도인이 된다는 것은 복음과 함께 고난을 받을 준비가 되어 있다는 것입니다. 말씀이 하나님 중심으로 선포되는 것입니다. 개인적 소비자를 위한 설교가 아니라 하나님의 뜻이 가감 없이 전해지는 것입니다. 그리고 성도들은 그 말씀을 믿음으로 온전히 수납하는 것입니다. 이러한 모습이 바로 정직한 신앙의 시작입니다.

교회의 정직함이 중요한 이유는 교회가 성도들의 모델이 되기 때문입니다. 교회가 다운계약서를 쓴다면 성도들 역시 죄책감 없이 다운계약서를 쓸 것입니다. 교회가 부정직한 방법으로 세금을 포탈한다면 성도 역시 세금을 포탈하는 데 아무 거리낌이 없을 것입니다. 국회의원들 가운데 상당수가 성도라고 말하지만 정직함과는 거리가 먼 것을 자주 봅니다. 검찰 포토라인에 서는 사람들을 보면 부끄러울 때가 많습니다. 정권을 유지하기 위하여 온갖 불의를 다한 사람들이 그리스도인이며 직분자일 때 그 절망감을 이루 말할 수 없습니다. 그런데 이러한 부정직한 일을 어디서 배웠을까요? 교회가 그러한 부정직을 보여주지는 않았는지 돌이켜 볼 수밖에 없습니다.

교회가 불법을 행하면 성도도 불법을 따라 합니다. 더 큰 문제는 죄책감을 모른다는 것입니다. 그러니 세상에서 정직함으로 살기보다는 타협과 술수와 뇌물을 즐겨 사용하는 것입니다.

교회를 피하고 있는 성도들의 대다수가 재정의 불투명과 자의적 사용에 분노하고 있습니다. 교회 재정이 투명하게 공개되지 않는 것은 매우 위험합니다. 그래서 다양한 사고가 많이 납니다. 재정이 어떻게 흘러가고 있는지 모릅니다. 그러다 보니 헌금을 비자금으로 모으기도 합니다. 세습을 감행한 한 교회는 비자금의 규모가 얼마나 대단하고 민감하였으면 재정을 맡은 장로가 자살하는 일이 일어났습니다. 이것이 교회라고 말할 수 있겠습니까? 그 돈의 실체를 정교분리의 원칙을 들이밀면서 살펴보지 못하게 합니다.

재정이 투명하지 못하면 사단이 들끓습니다. 돈이 모인 곳에 개들이 혀를 내밀고 모여듭니다. 맘몬의 위력은 하나님과 재물을 겸하여 섬길 수 없다는 말씀에서 볼 수 있습니다.

사회는 점점 투명하여지고 있습니다. 투명성이 높을수록 선진국으로 인정받습니다. 그래서 국가는 투명성 확보를 위하여 매진하고 있습니다. 그 기준을 많은 기업들도 받아들이고 있습니다. 그런데 가장 투명하여야 할 교회가 불투명하다면 이것을 어떻게 설명할 수 있겠습니까?

교회는 거짓 포장에 허우적거리면 안 됩니다. 정직함과 투명함을 보여주어야 합니다. 이 길이 조금은 힘들 수 있고, 오래 가야 목적지에 도착할 수 있지만 가장 옳은 길입니다. 그것이 교회로부터 도피하는 성도를 줄이는 일입니다.

교회의 질병 7_ 과대망상: 건물이 크면 사람이 채워진다

"교회가 성장하려면 교회 건물이 있어야 하고 또한 커야 한다."

교회 안에 자연스럽게 들리던 이야기입니다. 토목 공화국 시대에 걸맞은 이야기입니다. 그리고 실제로 교회는 건물을 비대하게 만드는 일을 최우선의 목적으로 삼았습니다. 그러나 이것은 아주 못된 생각입니다. 철저한 천민자본주의 생각입니다. 더구나 1960-70년대 보릿고개 시절의 이야기입니다. 당시에는 먹을 것과 놀 곳이 없었습니다. 그 허망한 마음을 채워주는 곳이 바로 교회였습니다. 사탕 하나에 수많은 사람들이 몰렸습니다. 당시에 통일교는 콜라와 10원을 주면서 유혹하였습니다. 어릴 적 친구들이 얼마나 많이 갔는지 모릅니다. 이러한 모습은 교회도 본받았습니다. 어린이 사역으로 유명한 한 교회는 전도하는 아이들에게 손목시계를 주었습니다. 지금은 아무것도 아니지만 당시만 하여도 귀한 것이었습니다. 그렇게 교회로 사람들이 몰려들었습니다.

수도권 신도시가 개발되면서 경쟁적으로 교회를 건축하게 되었습니다. 교회만 세우면 사람들이 온다고 하였습니다. 그러한 신화는 10년 동안 지속되었고 무리해서라도 교회를 건축하였습니다. 많은 교회들이 교회 건축을 통하여 교회를 성장시켰습니다. 무리하게 대출을 받아 감당하였습니다. 이때부터 나온 말이 있습니다. 교회는 적당하게 빚이 있어야 성도들이 헌신을 한다는 말입니다.

이러한 생각은 21세기가 시작되면서 어려움을 겪게 됩니다. 더구나 막차를 탔던 사람들은 큰 위기에 빠진 것입니다. 하지만 여전히 이러한 생각의 여진이 남아 있어서 교회 개척을 하려면 최소한 1억-2억 정도로 인테리어를 해야 한다는 생각이 많았습니다. 그만큼 사람들의 삶이 나아졌기 때문입니다. 그래서 건물 지하에 있는 교회나, 인테리어가 시대에 뒤떨어지는 교회는 멀리하기 시작합니다. 그러기에 더욱 경쟁적으로 교회 외형을 화려하게 만들어 갔습니다. 이것을 부정하는 것이 아닙니다. 문제는 이렇게 한다고 교회가 자립하는 시대는 지나갔다는 것입니다.

하지만 교회는 여전히 성장주의에 함몰되어서 과도한 건물을 짓는 일을 하고 있습니다. 슬픈 일은 한국 교회의 현실입니다. 현재 한국 교회는 1년에 100여 개의 교회가 매물로 나오고 있는 실정입니다. 여기에는 과도한 빚을 대출받아서 감당할 수 없는 상황에 이른 교회들이 상당수입니다. 대출 자체를 부정할 수 없습니다. 그러나 감당할 수 있는 범위를 넘어선 과도한 대출은 교회를 허무는 일을 하게 합니다.

결국 본질은 빈약해진 채 교회 건물이 크면 사람은 채워진다는 환상이 낳은 비극입니다. 사람들은 이러한 교회의 허세에 실망하고 교회를 떠납니다. 일부는 타 교회로 가고, 일부는 타 종교로 가고, 일부는 도피 성도로 남아 있습니다. 본질이 사라진 교회의 외형은 아무 가치가 없습니다. 한국 교회는 내진 설계가 없이 세워진 교회라 할 수 있습니다. 그런데 지진이 몰려왔습니다. 지금은 흔들리고 있는 상황이지만 좀 더 큰 지진이 오면 무너질 수 있습니다. 영적 내진 설계가 필요한 시점이라 할 수 있습니다.

그렇다고 오해해서는 안 되는 것이 있습니다. 그것은 바로 지상의 교회에는 완전한 곳이 없다는 사실입니다. 주님께서 재림하실 때까지 교회는 부족한 상태로 존재합니다. 그래서 완벽한 교회를 찾는 것은 불가능합니다. 그러나 성경이 말하는 교회가 되려고 몸부림치는 교회는 있습니다. 그런 교회가 참된 교회입니다. 부족하더라도 몸부림치는 교회를 세워야 합니다. 이것이 우리가 아직 살아 있는 이유입니다.

6장 도피 성도를 만든 목회

도피 성도를 만든 목회 1_ 빈약한 소명 의식

도피 성도를 만드는 교회적 요인이 있음을 보았습니다. 교회가 자신이 가야 할 길을 정확하게 알고 있다면 도피 성도는 급속도로 줄어들 것입니다. 하지만 자신의 정체성을 알지 못하면 교회는 매우 힘들어집니다. 지금의 상황이 그렇다고 할 수 있습니다. 성경이 말하고, 신학이 가르치고 있는 교회의 모습과 여러 면에서 괴리 현상이 일어나고 있기 때문입니다. 교회가 자신이 가야 하는 길을 모르고 방황하고 있으면 성도들은 두말할 필요가 없습니다. 그래서 교회가 자신의 모습을 바로 세우는 것이 참으로 중요합니다.

하지만 여기서 기억해야 할 것이 있습니다. 도피 성도는 교회의 문제에서만 생겨나지 않습니다. 도피 성도를 만드는 데에는 목사도 한몫합니다. 저 역시 부끄러움이 있습니다. 목사의 지혜가 얼마나 필요하고, 말 한마디와 관심과 인내와 사랑이 얼마나 중요한지, 목사로서 그리고 목회직에 대하여 가지고 있는 세계관이 얼마나 중요한지 모릅니다.

목회직에 대한 세계관의 문제는 바로 목사의 소명의 문제와 연결됩니다. 존 파이퍼 목사는 자신의 책 제목을 『형제들이여, 우리는 전문직업인이 아닙니다』(좋은씨앗)라고 하였습니다. 이 말은 매우 중요합니다. 목사의 위치가 어디인지 보여주기 때문입니다. 한때 목사는 프로페셔널(Professional)한 직업의식을 가지고 있어야 한다는 말이 신선하게 들렸습니다. 그러나 이것은 매우 위험한 발상입니다. 목사는 전문직업인이 되면 안 됩니다. 그것은 교회를 기업으로 보는 시각입니다. 그러면 경영원리에 따라 교회를 운영하고 마침내 자녀에게 물려주는 세습에 이르게 됩니다.

목사는 하나님께 부름받은 사람입니다. 하나님의 뜻에 따라 이 땅에서 좁은 길을 가는 사람입니다. 자발적 불편이라는 여정을 걸어가는 사람입니다. 그래서 자신의 성공을 자랑하지 않습니다. 무익한 종이라 고백하고 감사해 합니다. 이것이 소명자입니다.

그러므로 하나님께서 목사로 부르셨다는 확신이 없으면 삯꾼이 되거나, 변질이 되거나, 장사꾼이 될 수 있습니다. 많은 부분에서 아름답게 시작하였다가 망령되게 끝나는 이들을 종종 봅니다. 하나님의 진리를 위하여 사는 것이 아니라 자신의 정치적 욕망과 물질적 사욕에 물들어 목회를 끝내는 이들이 있습니다. 소명 없이 목사가 되었기 때문입니다. 비록 사람들이 보기에 번듯한 교회를 목회하였는지 모르지만 목사로 부르심을 받은 것은 아니었습니다. 그래서 교회는 세웠지만 자신은 부끄러운 자리로 떨어지는 것입니다.

더구나 아버지가 목사였기에 목사가 되는 일을 결코 해서는 안 됩니다. 달콤한 권력을 대대로 물려받고자 하는 심정으로 목사가 되면 교회를 사단의 놀이터로 만들 수 있습니다. 목사는 분명한 소명이 없이는 목회직을 수행해서는 안 됩니다. 목사의 소명은 바로 목숨이기 때문입니다. 믿음의 사람들은 자신의 목숨을 바치면서 살았습니다. 모세가 그러하였고 바울이 그러하였습니다. 소명이 있으면 목숨을 겁니다. 목숨을 걸어야 감당할 수 있는 것이 바로 목회입니다. 소명이 없으면 목사는 반드시 변질됩니다.

목사 역시 부족하고 연약하기에 죄의 자리에, 시험에 들고 죄를 지을 수 있습니다. 그러나 소명자는 그러한 순간에 철저한 회개의 자리로 나갑니다. 그리고 하나님의 징계를 감당합니다. 우리의 조상 다윗은 이러한 소명이 무엇인지를 잘 보여주고 있습니다. 그는 하나님의 부르심을 받았습니다. 하나님의 마음에 합한 자였습니다. 그러나 무시무시한 죄를 지었습니다. 결국 하나님은 나단 선지자를 통하여 다윗의 죄를 책망하였습니다. 하나님의 말씀 앞에 다윗은 철저하게 회개를 하였습니다. 그리고 하나님의 공의를 사랑으로 철저하게 받았습니다. 보통 사람으로는 감당할 수 없는 일들이 일어났지만 하나님을 원망하지 않았습니다. 오히려 다윗은 그 일을 감당하였습니다. 이러한 모습이 바로 소명자의 모습입니다.

교회와 성도는 그 무엇보다도 목사의 소명을 확인하는 것이 중요합니다. 목사의 학벌과 유명함이나 큰 교회에서 사역하였다는 등의 세속주의에 빠지면 안 됩니다. 그것이 전혀 필요 없다는 것이 아닙니다. 그러나 가장 중요한 것은 목사로서의 소명 의식입니다. 이 소명이 교회를 살게 합니다.

소명 의식이 없으면 교회를 기업으로 여기는 불충을 행하고, 한 영혼을 향한 간절함이 없어지고 결국 교회로부터 도피하는 성도를 만들어 냅니다. 하지만 목사의 소명이 분명하면 교회가 세워집니다.

도피 성도를 만든 목회 2_ 희미한 목회 정체성

목사의 소명 가운데 가장 중요한 것은 바로 설교자 의식입니다. 설교자로서의 정체성이 없다면 목사가 되는 것을 심각하게 재고하여야 합니다. 목사는 설교자라 할 수 있습니다. 다른 것은 다 가지에 불과합니다. 목사의 본질은 설교자입니다. 그러기에 목사는 설교를 위하여 모든 것을 소비하는 사람입니다. 설교자로 살기 위하여 평생 공부하는 사람입니다. 그리고 설교를 위하여 죽는 사람입니다. 목사는 교회 컨설턴트가 아닙니다. 교회 성장 마케팅 전문가도 아닙니다. 개그맨은 더더욱 아닙니다. 목사는 설교자입니다. 이것을 오해하면 이상한 일을 하는 것입니다.

하나님이 목사를 부르실 때 노래 사역하라고 부르지 않으십니다. 목사의 모든 사역의 핵심은 바로 설교에 있습니다. 다른 모든 것은 다 설교를 뒷받침하는 것입니다. 목사가 감당하여야 할 일은 하나님의 말씀을 온전히 전하는 일입니다. 이 일을 위하여 하나님이 목사를 부르시는 것입니다. 그러므로 설교자로서의 분명한 소명이 없다면 목회를 해서는 안 됩니다.

평신도 선교사들 가운데 목사들의 등쌀에 못 이겨서 신학을 하였다는 이들의 이야기를 가끔 듣습니다. 목사들의 편견이 서러워서 자신도 목사가 되었다는 이야기를 들으면 너무나 속이 상합니다. 하는 일이 다 실패하였기에 목회의 길을 가라는 소리로 알고 목사가 되었다고 자랑하는 무지한 사람들과 별반 달라 보이지 않습니다. 선교는 교회를 세우는 일입니다. 자신을 죽이고 그리스도의 몸을 세우는 것이 선교사의 사명입니다. 그런데 목사들의 거만함 때문에 자신도 목사가 되었다는 것은 참으로 서글픈 일이 아닐 수 없습니다. 그러니 목사가 되고 나서 설교자의 삶을 살겠습니까? NGO 활동가로 남는 것입니다. 그것은 목사의 주된 일이 아닙니다. 목사의 주된 소명은 설교자입니다. 설교자로 부르심이 목사의 소명입니다. 그가 어디에 있든, 목사는 설교하는 사람입니다. 이것이 무너지면 목사의 입에서 헛소리가 자주 나옵니다. 자신을 자랑하고, 사업을 홍보하고, 체험을 과장되게 말하는 삯꾼으로 전락할 수 있습니다.

목사는 설교자입니다. 목사는 믿음의 선배들이 보여주었듯이 일생 동안 성경을 다 설교할 수 있기를 소망하는 자세가 있어야 합니다. 성경을 책별로 강해하고 있다면 더욱 좋을 것입니다. 그것은 자신도 살리고 성도도 살리고 다음 세대에 복음의 선물을 남기는 것입니다. 이것이 목사의 부르심입니다.

또한 한 영혼에게 온전한 복음, 즉 예수 그리스도를 전하는 것이 사명입니다. 그것이 무너지면 성도들이 시험에 듭니다. 목사의 입을 통하여 말씀을 들어야 하는데 헛소리를 들으니까 귀를 막고 견디다 못해 목사로부터 도피하는 것입니다.

목사가 설교자로서의 정체성이 희미하면 성도들이 바른 복음을 듣게 해야 한다는 강렬한 소망이 없습니다. 그러니 설교를 표절하고, 인터넷 이곳저곳에서 설교를 짜깁기하는 사람이 됩니다. 이런 사람은 사기꾼입니다. 이 사실이 발각된다면 어떻게 되겠습니까? 실제로 그러한 예들이 너무나 많이 있습니다. 어떤 목사는 일 년 동안의 설교를 전부 표절하였습니다. 참으로 기가 막히는 일입니다. 목사가 누구인가에 대한 희미한 의식이 이러한 황당한 결과를 불러온 것입니다. 결국 성도들이 어디로 가겠습니까?

도피 성도를 만든 목회 3_ 지옥이 사라진 설교

포스트모던 시대의 특징 가운데 하나가 내세에 대한 소망이 없다는 것입니다. 오직 현실에 만족하며 살아갑니다. 이 땅을 살아가는 이들을 힘들게 하는 설교를 하지 않습니다. 오직 편안한 설교만 합니다. 브루스 셸리는 이렇게 말합니다.

> "오늘날 교회는 소비자 지향이 되라는 커다란 압박을 받고 있습니다. 교회는 요구보다 호소가 필요함을 느낍니다."[40]

---

40 코르넬리스 프롱크, 임정민 역, 『예수 그리스도 외에 다른 터는 없네』(서울: 그 책의 사람들, 2015), 484.

그러기에 성도들이 부담스러워 하는 지옥에 관한 설교를 하지 않습니다. 이러한 태도는 심각한 부작용을 일으킵니다. 이에 대한 코르넬리스 프롱크의 지적입니다.

> "많은 사람이 지옥 설교를 내팽개친 까닭에 교회에서나 사회에서나 하나님을 두려워하는 모습이 거의 사라져 버렸습니다. … 이들은 천국에 매력을 느끼지도, 지옥을 무서워하지도 않습니다. 이들은 지금 여기만을 생각하는 듯 보입니다."[41]

지옥에 대한 설교가 없다면 천국을 소망하지 않을 것이며 부활에 대한 소망도 미미해질 것입니다. 결국 하나님을 우습게 여기고 떠나갈 것입니다. 목사의 설교에서 사라져서는 안 되는 것이 심판과 부활의 신앙입니다. 그것을 담대하게 전할 때 지옥이 아니라 천국을 소망하고 천국 백성으로 살아갑니다. 설교자들의 담대한 선포가 빈약해지면 성도의 교만과 방랑을 가속화할 수 있습니다. 그러므로 무엇보다도 지옥과 심판에 대해 성경이 말하는 것을 정직하게 전해야 합니다. 그리고 부활에 대한 하나님의 약속도 동일하게 전해야 합니다. 지옥 설교가 천국을 소망하게 만들어야 합니다. 그리고 부활 신앙으로 무장할 수 있도록 해야 합니다. 부활의 영광을 바라보면서 오늘을 살아갈 수 있도록 전해야 합니다. 그리고 이 모든 것 위에 사랑으로 진리를 전하는 일에 무엇보다도 열심을 내야 합니다. 그것이 도피 성도를 막는 일입니다.

---

41 위의 책, 484.

교회를 찾는 이들은 성경적인 교회, 건강한 교회를 찾기를 소망합니다. 그러나 지상의 어떤 교회도 미완성이기에 그런 교회를 찾는 것이 쉽지가 않습니다. 교회에 실망하여 떠난 사람들의 기대치는 높습니다. 그만큼 교회가 실망을 많이 주었다는 반증이기도 합니다. 목사가 교회에 대하여 바른 자세를 가지고 있지 않으면 성도들은 작은 시험에도 흔들리고 맙니다. 성경이 말하는 교회상을 정확하게 가지고 있어야 합니다. 그리고 일관성 있게 교회를 세워 간다면 성도들은 자신감을 가지게 됩니다.

목사가 교회에 사심이 없이 목회를 즐기고, 나누고 섬긴다면 아름답고 행복한 공동체를 만들 수 있습니다. 마지막 순간까지 하나님이 주신 은사로 사역하여야 합니다. 그리고 깨끗하게 마무리를 해야 합니다. 모든 목사는 한 몸입니다. 그래서 한 사람의 부패함은 전체의 부패로 인식됩니다. 순결하고 정직한 자리에서 사역하고, 깔끔하고 아름답게 마무리를 짓는다면 도피 성도들은 제 고향을 다시 찾을 것입니다.

도피 성도를 만든 목회 4_ 미숙한 소통

목회자는 신학자라는 말이 있습니다. 목회자는 계속하여 공부하는 사람이라는 의미입니다. 신학교는 목회자가 되기 위한 기본 과정입니다. 신학교를 졸업한 후부터 진정한 공부가 시작됩니다. 그런데 종종 이 사실을 잊어버립니다. 신학교를 졸업하고 목사고시를 통과하여 안수를 받으면 공부도 끝이라고 생각합니다. 이처럼 어처구니없는 일이 없습니다. 목사의 공부는 시작은 있으나 끝은 없습니다. 설교자로서 목사는 신학과 실천을 위한 공부에 매진해야 합니다. 이렇게 하여야 하는 이유는 목사가 하나님의 말씀을 전하는 존재이기 때문입니다.

목사가 공부하지 않으면, 특별히 신학공부를 지속적으로 하지 않으면 엉뚱한 소리를 하거나 다람쥐 쳇바퀴 돌듯이 똑같은 말을 반복할 수 있습니다. 심지어 설교를 표절하는 경우도 생깁니다. 그러므로 공부하는 일을 멈춰서는 안 됩니다. 목사의 공부는 교회를 바르게 세우고 성도를 올바르게 인도하는 길이 됩니다. 그래서 힘들어도 신학 책을 읽고 연구하는 자세를 충실하게 가져야 합니다.

성도들이 교회를 등지고 방황하는 데는 목사의 게으름이 작용하고 있음을 인식하여야 합니다. 목사가 게으르면 성도도 자연스럽게 따라갑니다. 그러나 목사들이 배우기에 최선을 다하면 성도 역시 부지런히 하나님을 아는 지식 가운데 서려고 합니다.

존 웨슬리 목사는 "책을 읽지 않으려거든 목회를 하지 말라"라고 하였습니다. 아마 역사상 웨슬리만큼 바빴던 사람도 없을 것입니다. 그런 분이 이러한 말을 하였다는 것이 의미심장합니다. 목사의 손에서 책이 사라지면 반드시 설교에서 그 대가가 나타납니다.

그러나 목회의 측면에서 책을 강조하는 이유는 단지 목사의 자기 개발을 의미하는 것이 아닙니다. 책은 하나님과 사람을 이해하는 중요한 도구입니다. 그리고 목사 자신이 어디에 있어야 하는지를 끊임없이 확인하여 주는 과정입니다. 그래서 책을 읽으면 늙지 않지만 책을 버리면 늙게 되어 있습니다. 『한국 기독교 분석 리포트』에 의하면 목사들의 독서가 점점 줄어들고 있는 것으로 나타났습니다. 2012년에는 한 달에 읽는 신앙서적이 4.7권이었는데 2017년에는 3.7권으로 줄어들었습니다. 그리고 일반 서적은 2.5권에서 1.9권으로 줄어들었습니다.[42]

책을 읽지 않으면 나타나는 현상 가운데 하나가 했던 말을 또 하는 것입니다. 알고 있는 것에 멈춰 있으면 그렇게 됩니다. 그리고 고집스러워집니다. 자신의 체험에 사로잡혀 있기 때문입니다. 그래서 종종 소통이 무너지고 마는 것입니다.

책은 성도와 그리고 세상과 소통하는 중요한 통로입니다. 소통은 말이 통하는 것입니다. 서로의 생각을 이해하는 것입니다. 그렇게 되면 만남이 즐겁고 대화가 행복해집니다. 하지만 불통이 되면 만남 자체를 회피하거나 피상적인 대화에만 머물게 됩니다. 상대방의 말을 이해하는 것은 직접적인 경험을 통해서도 얻을 수 있지만 목회의 상황이 간단하지 않습니다. 그러기에 독서를 통해 사람들의 생각과 말을 접하는 것입니다. 독서는 간접 경험이지만 시대를 이해할 수 있게 해 줍니다. 그리고 성도들이 하는 말을 들을 수 있게 해 줍니다. 상대방의 말을 이해할 수 있다는 것은 엄청난 일입니다. 왜냐하면 인간의 많은 문제는 말을 알지 못하고 듣지 못하고 오해하

---

42 한국기독교목회자협의회, 『한국 기독교 분석 리포트 1998-2018』(서울: 도서출판 URD), 559.

여서 생기기 때문입니다.

말을 해도 알아듣지 못한다는 생각이 들면 관계가 흔들립니다. 그래서 불통이 되면 사람들은 슬슬 피하기 시작합니다. 불통은 사람들을 목 조여 죽이는 일을 하기 때문입니다. 그래서 떠나기 시작합니다. 그런 측면에서 말을 정확하게 이해할 수 있다는 것은 정말 중요합니다.

종종 뉴스를 통하여 교회의 분열 이야기를 듣습니다. 오랜 시간 동안 한 가족으로 살았던 성도와 목사가 치열한 적대자가 되어 버린 모습을 봅니다. 참으로 안타깝고 가슴 아픈 일입니다. 이렇게 된 배후에는 불통이 존재합니다. 서로에 대한 이해가 단절되고, 소통이 점점 힘들어지면 그 끝에는 반드시 아픈 상처가 남게 됩니다.

이것은 세상을 향해서도 동일합니다. 목사의 인문학적 소양이 빈약하면 세상을 분별하는 일은 매우 힘들어집니다. 성경은 이 세상을 본받지 말라고 합니다(롬 12:2). 참으로 중요한 말씀입니다. 그런데 문제가 있습니다. 세상을 모릅니다. 그러니 세상을 본받지 말라는 말씀이 자칫 공허해질 수 있습니다. 더구나 필요한 것도 버리게 되는 우스운 일이 생기게 되는 것입니다. 아이를 목욕시킨 후에 물을 버릴 때 아이까지 버리는 기괴한 현상이 벌어질 수 있습니다.

목사에게 세상과의 진지한 소통은 매우 중요합니다. 그것은 하나님의 선하시고 온전하신 뜻을 분별하고 나타내는 일을 바르게 할 수 있기 때문입니다. 더구나 목사는 복음 증거자입니다. 이 세상 신이 사람들에게 진리를 알지 못하도록 혼미하게 만들어 버렸습니다. 목사는 바로 이러한 사람들을 향하여 선명한 복음을 전하는 존재입니다. 그렇기 때문에 시대를 잘 분별하고 하나님의 뜻을 바르게 전하는 일은 무엇보다 중요합니다.

바로 이 일이 인문학적 독서와 신학적 책읽기에서 시작합니다. 목사가 손에서 책을 놓지 않는 것은 자신을 계발하는 일에도 중요하지만 소통을 위하여 매우 중요한 일입니다. 이 일에서 떠나면 성도들도 피하기 시작합니다. 오늘 한국 교회의 많은 문제 가운데 하나가 바로 목회자의 불통에 있는 것은 아닌지 돌아보아야 합니다.

도피 성도를 만든 목회 5_ 공허한 메아리

목사의 본질인 설교자로서의 정체성은 무엇보다도 중요합니다. 그러나 목사는 설교로만 사는 사람이 아닙니다. 목사의 책무는 설교 이후의 삶에도 지속됩니다. 그래서 목사는 좁은 길을 가는 사람입니다.

목사의 설교는 곧 삶의 문제와 함께합니다. 우선 물질에 대하여 더더욱 정직하고 투명해야 하고 부하게 살지 않도록 힘써야 합니다. 물질에 대한 탐심은 반드시 목사가 이겨야 할 싸움입니다. 이것이 쉽지 않습니다. 목사의 아킬레스건과 같습니다. 외적 소명을 말할 때 항상 걸리는 부분입니다. 하지만 피하여 갈 수 없습니다. 목사는 말씀을 대언하는 직분을 받았습니다. 이것은 존귀한 직분이라 할 수 있습니다. 그런데 이 직분이 열매를 맺으려면 무엇보다도 설교자의 삶이 함께 따라야 합니다. 그렇지 않으면 설교가 자칫 공허한 메아리가 될 수 있습니다.

종교개혁자 칼빈은 "가난은 목사의 영광"이라는 말을 하였습니다. 이 말은 참으로 무서운 말입니다. 쉽게 할 수 없는 말씀입니다. 그러나 되새김질하면 할수록 목사의 삶을 돌아보게 합니다. 가난한 삶을 사는 것은 어려울지 몰라도 부함을 추구하는 삶은 버려야 합니다.

앞서서 목사가 전문직업인이 아니라고 하였습니다. 교회를 성장시키면 그에 합당한 대우를 해달라고 요구하는 이유는 전문직업인이라는 생각 때문입니다. 그러나 칼빈의 관점에서 보면 이것은 삯꾼이 하는 짓거리가 됩니다.

목사는 교회의 크기에 상관없이 자발적 불편을 즐길 수 있어야 합니다. 대외적인 일에는 투명하게 교회의 재정을 사용하면 됩니다. 자신이 주는 것인 양 자랑할 필요가 없습니다. 목사가 부동산에 너무 관심이 많으면 안 됩니다. 가끔 부유함을 자랑하는 목사를 봅니다. 그러면 고민이 많아집니다. 그 부유함을 가지고 무엇을 하는지가 궁금해집니다. 하나님이 주신 부요함은 나눠 주기 위하여 맡기신 것입니다. 그런데 그것을 자신이 움켜쥐고 있다면 어떻게 보아야 하겠습니까? 교회를 아들에게 물려주면서 그것을 십자가를 물려주는 것이라고 말하는 것을 이해할 수 있겠습니까? 재벌 2세들이 기업을 물려받을 때 십자가라고 생각하겠습니까? 십자가는 다 버리고 죽는 것입니다. 진정한 십자가는 그 아들을 광야로 보내는 것입니다. 교인 한 사람도 없는 지하실에서 시작하라고 하는 것이 십자가의 삶이 아니겠습니까? 젊은 시절에 먹는 것과 입는 것과 사는 것에 있어서 어떠한 아픔도 모르는데 십자가를 어떻게 알겠습니까? 그것은 십자가가 아닙니다. 그러니 점점 교회로부터 도피하는 성도들이 생기는 것입니다.

종종 목사를 비판하는 분들의 이야기를 들으며 고개를 끄덕입니다. 설교 중에 돈에 대하여 자유하라고 가르치거나 돈을 사랑함이 일만 악의 뿌리가 된다고 하면서 막상 은퇴하거나 교회를 옮길 때 퇴직금에 과한 욕심을 보이는 것을 보면 설교가 전부 거짓이었거나 사기였다는 것이었습니다. 당사자의 말을 들어 보면 그 나름의 사정도 있지만 그러나 비판받아 마땅합니다.

목사가 설교한 대로 살지 않으면 성도들을 도피 성도로 내몰 수 있습니다. 어디를 가도 소망이 없다고 생각하면 긴 시간 동안 방랑 생활을 하게 됩니다. 그러다 각종 이단과 사이비의 유혹을 받기도 합니다. 목사의 설교와 삶이 일관된다면 도피 성도를 막을 수 있습니다.

도피 성도를 만든 목회 6_ 세상의 냄새

목사가 겸손해야 한다는 것이 무기력한 삶을 살아야 한다는 것은 아닙니다. 오히려 목사는 하나님의 부르심을 받았기에 말씀 앞에 담대합니다. 그리고 하나님의 공의를 위하여 살아갑니다. 겸손은 강력한 능력입니다. 약자에게는 한없이 부드럽고 불의한 자에게는 강한 자가 바로 겸손한 사람입니다. 성경은 성도가 가지고 있어야 할 참된 경건을 알려주었습니다.

"하나님 아버지 앞에서 정결하고 더러움이 없는 경건은 곧
고아와 과부를 그 환난 중에 돌아보고 또 자기를 지켜 세속
에 물들지 아니하는 이것이니라"_약 1:27

모든 성도가 추구하여야 할 삶의 자세가 바로 하나님 앞에 정결하고 더러움이 없는 경건입니다. 그런데 그러한 경건의 모습이 무엇인가 하면 첫째가 고아와 과부를 환난 중에 돌아보는 일입니다. 즉 사회적 약자를 돌아보는 일입니다. 둘째는 자기를 지켜 세속에 물들지 않는 것입니다. 세상과 타협하지 말라는 것입니다. 또한 세속화되지 말라는 의미입니다. 이것이 경건입니다. 온 성도들이 도달하여야 할 삶의 모습입니다.

그렇다면 가르치는 자로서 목사가 더욱 힘써야 할 것이 바로 경건입니다. 그래서 목사는 차별하지 말아야 하지만 가난하고 연약한 이의 친구가 되어야 합니다. 그럴 때 교회는 건강해지고 도피 성도를 줄일 수 있습니다. 있는 사람들에게 빌붙기는 누구나 할 수 있습니다. 그러나 가난한 사람을 존중히 여기는 것은 쉽지 않습니다. 그래서 목사에게는 사회적 약자를 불의하게 대우하는 모든 일에 사랑으로 저항하는 것이 요구됩니다. 이것이 사랑으로 진리를 전하라는 말씀의 바른 의미입니다.

목사가 참된 경건을 힘쓰는 데 열심을 다해야 합니다. 학식과 물질로 사람을 차별하는 추악함이 없어야 합니다. 교회의 직분자를 세울 때 부의 유무에 따라서 선택한다는 말을 가끔 들었습니다. 성직매매와 같은 직분매매

가 교회 안에서 일어나고 있는 것입니다.

목사가 이런 일을 한다는 것은 스스로 자신의 얼굴에 침을 뱉는 것과 같습니다. 목사는 성경을 가르치는 사람입니다. 성경이 말하는 것을 전하는 사람입니다. 그런데 성경에 없는 직분자 선택의 기준을 사용하고 있다면 스스로 목사 됨을 포기하는 것과 같습니다. 목사는 그 어떤 외형적 조건으로 사람을 판단해서는 안 됩니다. 그러려면 자신을 잘 지켜서 세속에 물들지 않게 하여야 합니다.

세상이 얼마나 영악한지 모릅니다. 목사들의 경건을 땅바닥에 내팽개치는 일을 쉽게 합니다. 그러므로 힘을 다하여 경건하도록 애써야 합니다. 단지 외형적으로만 화려함을 나타내려고 한다면 금방 탄로 나고 말 것입니다. 묵직한 말과 깨끗한 옷과 화려한 언변으로 자신을 감추는 것은 오래 가지 않습니다. 경건의 모양만 있고, 경건의 능력이 없다면 곧 썩은 냄새가 날 것입니다. 목사의 말과 삶에서 세상의 냄새가 풍기기 시작하면 성도들은 그 냄새를 피하여 도피합니다.

도피 성도를 만든 목회 7_ 혈기와 교만

목회 초년병 시절에 담임하셨던 목사님께서 목사란 오장육부를 다 떼어야 한다고 하였습니다. 그 말이 무슨 말인지 잘 이해가 되지 않았습니다. 성경을 보면 볼수록 그 말의 의미를 알 수 있습니다. 목사는 죄인에게 복음을 전하는 사람입니다. 목사는 어린아이를 양육하는 사람입니다. 그러기에 인내가 없이는 감당할 수 없습니다.

예수 믿자마자 성화되는 사람이 없습니다. 목사 스스로도 성화의 길을 가고 있는데 어린 성도는 더더욱 그러합니다. 그러므로 인내를 가지고 감당해야 합니다. 자신의 혈기를 가지고 이 일을 감당할 수 없습니다. 성도는 작은 일에도 시험받고 상처받고 오해하고 곁을 떠날 수 있습니다. 그러한 일을 부지기수로 당하면 알게 됩니다.

믿음의 선배 모세를 보면 그 마음을 알 수 있습니다. 모진 위기를 이기고 출애굽 하였지만 가나안에 들어가기까지 기가 막힌 일을 다 당합니다. 결국 잠시의 화를 참지 못하여 하나님께 책망받고 가나안에 들어가지 못하고 보기만 하였습니다. 그런 모세를 성경은 온유한 자라고 말하고 있습니다. 자신의 성격과 혈기를 다 가지고 목회의 길을 갈 수 없습니다. 인내가 필요합니다.

동시에 겸손이 함께하여야 합니다. 부패한 우리의 본성은 교만의 자리에 서기를 좋아합니다. 그리고 대우받기를 즐거워합니다. 서로가 존중해주고 섬기는 것은 참으로 중요합니다. 하지만 이것이 자신의 영광이 되어서는 안 됩니다. 온전히 하나님의 영광이 되어야 합니다. 이것이 겸손입니다. 자신은 사라지고 오직 하나님이 드러납니다. 자신의 존재에 대하여 너무나도 잘 알고 있기에 자신의 영광을 구하지 않습니다. 오직 하나님의 영광을 구하고 그분만을 즐거워합니다. 이것이 목사의 소명입니다. 그래서 혹 상처와 시험을 받더라도 하나님이 주시는 위로로 힘을 얻고 원망과 시비를 행하지 않습니다.

인내와 겸손은 한 영혼을 향한 사랑입니다. 그래서 인내와 겸손에 이르는 것은 정말 힘든 일입니다. 그것은 죄인들과의 삶에서 살아나야 하기 때문입니다. 목회를 한다는 것은 다양한 사람들과의 만남입니다. 어린아이에서 노년에 이르기까지 각양각색의 성도를 만납니다. 신앙의 연수가 시작인 성도와 수십 년 된 성도를 만나야 합니다. 믿음의 수준도 천차만별입니다. 성화 수준도 그렇습니다. 사람마다 다른 성향과 성품은 목사의 수명을 단축하는 스트레스를 가져옵니다. 그래서 강력한 카리스마를 강조하기도 합니다. 목회를 하다 보면 그 말이 얼마나 달콤하게 들리는지 모릅니다. 그런데 성경은 겸손하라고 말합니다. 성도를 사랑하되 끝까지 사랑하라고 말합니다. 그래서 또 겸손의 자리로 나아가는 것입니다. 바울 사도의 고백처럼 날마다 죽는 것입니다. 이 죽음이 없으면 혈기가 나오고 교만이 생기고 빈정거리는 말투가 나옵니다.

그런 목사의 삶을 볼 때 연약한 성도들은 당황합니다. 그리고 무시하든지 떠나든지 합니다. 성도는 목사를 통하여 그리스도의 거룩함을 배우고자 하는데 목사에게서 그것이 나타난 삶을 보지 못하고 배우지 못하면 결국 도피 성도의 자리에 가까이 가게 됩니다. 목사는 성도들에게 있어서 그리스도의 향기입니다. 향기가 썩으면 어떻게 되겠습니까? 도피하는 성도로 만드는 냄새가 되는 것은 참으로 서글픈 일이 아닐 수 없습니다.

도피 성도를 만든 목회 8_ 성화를 향한 게으름

하나님 나라를 위하여 부름받은 목사는 그 가는 길이 참으로 복되지만 쉽지 않습니다. 일반 성도보다 더 많은 시험을 받습니다. 목사 역시 동일한 인간으로 살아갑니다. 단지 목사로 소명을 받았다는 것밖에 차이가 없습니다. 그러나 목사가 감당해야 할 책임은 분명 그 무게가 다릅니다.

그래서 목사는 무엇보다 온유한 성품으로 단련되어야 합니다. 목사의 외적인 모습에 있어서 중요하게 나타나야 하는 것이 있다면 바로 성품입니다. 하나님은 우리에게 천성을 주셨습니다. 누구나 다 천성을 가지고 있습니다. 그러나 이 천성은 다듬게 되어 있습니다. 천성이 부족하다는 의미가 아닙니다. 천성이 더욱 빛을 낼 수 있도록 다듬어야 한다는 의미입니다. 더욱이 죄는 우리의 성품을 아름답게 보이지 않게 합니다. 그래서 무엇보다도 힘써야 할 것은 바로 성품입니다. 그 가운데 더욱 힘써야 할 것은 온유함입니다.

불평과 불만이 죽 끓듯 일어나는 이스라엘 백성을 가나안까지 안전하게 인도하였던 모세의 힘은 바로 그의 온유함에 있었다고 해도 과언이 아닙니다(민 12:3). 또한 예수님은 산상설교에서 온유함은 땅을 기업으로 받는다고 하였습니다(마 5:5). 그런 후에 예수님은 자신을 향하여 말씀하시기를 온유한 자라고 하셨습니다.

"나는 마음이 온유하고 겸손하니 나의 멍에를 메고 내게 배우라 그리하면 너희 마음이 쉼을 얻으리니"_마 11:29

주님을 따르는 목사들이 세상 끝날까지 가꿔야 할 것은 바로 온유함입니다. 이 온유함은 줏대가 없는 자세가 아닙니다. 사랑으로 진리를 말하고 행동하는 성품이라고 할 수 있습니다.

이렇게 해야 하는 부정할 수 없는 이유 가운데 하나는 목사에 대한 성도들의 기대치가 높기 때문입니다. '목사도 똑같은 사람이지' 하는 말은 듣기에는 좋지만 부정적인 사람들에게는 목사의 권위가 빈약하게 되었다는 반증이기도 합니다. 그러므로 목사로 부름받았다면 끊임없이 온유함을 훈련해야 합니다.

도피 성도를 만든 목회 9_ 전문직업인

일용할 양식으로 기뻐하며 살아가는 자발적 불편은 목사의 삶에만 해당되지 않습니다. 아굴의 기도를 보면 모든 성도의 삶이 이러하여야 합니다.

"내가 두가지 일을 주께 구하였사오니 나의 죽기 전에 주시옵소서 곧 허탄과 거짓말을 내게서 멀리 하옵시며 나로 가난하게도 마옵시고 부하게도 마옵시고 오직 필요한 양식으로 내게 먹이시옵소서 혹 내가 배불러서 하나님을 모른다 여호와가 누구냐 할까 하오며 혹 내가 가난하여 도적질하고 내 하나님의 이름을 욕되게 할까 두려워함이니이다" _잠 30:7-9

아굴은 죽기 전에 자신에게 이루어질 일을 구하였습니다. 하나는 허탄과 거짓말을 멀리하는 것입니다. 허황된 거짓말은 성도의 치명적인 독입니다. 그러나 목사에게는 더더욱 큰 독입니다. 성경을 강해하지 않고 허황된 거 짓말을 전하는 것은 자신도 시각장애인이면서 시각장애인을 인도하는 것 과 같습니다. 성경은 둘 다 구렁텅이에 빠질 수 있다고 경고하였습니다. 자 신도 천국에 들어가지 못하고 남들도 천국에 들어가지 못하게 하는 일이 됩니다. 그러므로 허황된 거짓말을 멀리하여야 합니다.

또한 필요한 양식으로 먹이어 달라는 고백입니다. 가난하게도 마옵시고 부하게도 마옵소서라는 소망입니다. 부자가 되어서 하나님을 모른다고 할 수 있고, 가난하여서 하나님을 욕되게 할 수 있기 때문입니다. 그러므로 필 요한 양식을 채워달라는 소망입니다. 목사가 물질에 과도하게 집착하는 것 은 합당하지 않습니다. 그런데 안타까운 것은 신학교에서부터 골품제[43]가 있다는 것입니다. 성골과 진골로 나뉘어서 출발선부터 다르다는 것입니다. 이러한 자조 섞인 이야기는 해외 유학과 교회 세습으로 실제화됩니다. 참 으로 서글픈 모습이 아닐 수 없습니다.

이러한 모습이 우리의 현실이지만 성경은 우리 모두에게 일용할 양식으 로 기뻐하라고 말씀합니다. 목사가 과도한 부와 권력을 축적하는 것은 타

---

43 "이 제도는 골품(骨品), 즉 개인의 혈통(血統)의 높고 낮음에 따라 정치적인 출세는 물론, 혼인, 가옥의 규모, 의복의 빛깔, 우마차(牛馬車)의 장식에 이르기까지 사회생활 전반에 걸쳐 여러 가지 특권과 제약이 가해졌다. 세습적인 성격이나 제도 자체의 엄격성으로 보아, 흔히 인도(印度)의 카스트제도(Caste制度)와 비교되고 있다. 신라의 국가형성기에 만들어지기 시작해 6세기 초는 이미 법제화되었으며, 신라의 삼국통일을 거쳐 멸망에 이를 때까지 약 400년 동안 거의 변함없이 신라사회를 규제하는 중요한 근본으로서 기 능, 작용하였다." 한국민족문화대백과사전 '골품제도' 항
http://100.daum.net/encyclopedia/view/14XXE0004196

락을 향하여 전속력으로 달리고 있는 것과 같습니다. 목사의 미덕이 설교도 할 수 없는 궁핍한 삶이라고 말하는 것이 아닙니다. 필요한 양식으로 감사하고 만족하는 것입니다. 이것이 바로 자발적 불편입니다.[44] 필요한 만큼의 양식을 소망하고 남는 것은 가난하고 필요한 이들에게 흘려보내는 것입니다. 오래전에 한 목사가 자신의 SNS에 45평 아파트에 사는 것을 자랑하듯 소개하는 것을 보았습니다. 참으로 무심하다는 생각에 씁쓸하였습니다. 그런 생각을 가지고 있기에 성경의 가르침을 호도하는 책도 내었습니다. 그의 삶은 그렇게 건강하게 다가오지 않았습니다.

물질만이 아닙니다. 삶의 모든 부분에서 자발적 불편이 자연스럽게 나타날 수 있어야 합니다. 모든 성도들이 이러한 자세가 있다면 허영이라는 죄에 빠지지 않습니다. 그런 의미에서 목사는 더더욱 자발적 불편을 즐길 수 있어야 합니다. 많은 목사들이 은퇴할 때 재물로 인하여 추한 꼴을 보입니다. 교회는 빈 깡통으로 만들어 놓고 자신의 노후와 배만 채우는 부끄러운 일을 봅니다. 그 이유는 목사의 소명이 없기 때문입니다.

자발적 불편을 살 소명이 목사의 자존심이고 감사가 되어야 합니다. 어떤 분은 대학과 대학원 그리고 유학을 하고 학위가 있으니 그에 걸맞은 대우를 해달라고 합니다. 전문직업인에 준하는 대우를 받는 것이 합당하다고 합니다. 그리고 그 기준을 국립대학 교수 수준이라고 말합니다. 참 멋지

---

44 이 말에 오해가 없어야 합니다. 교회는 목사가 설교자로 준비하고 공부할 수 있는 최선의 준비를 해야 합니다. 물론 여기에는 노회가 감당할 부분이 있습니다. 그러므로 목사는 가난해야 한다고 교회가 강요하는 것은 합당하지 않습니다. 교회는 목사의 필요한 생활을 책임질 수 있어야 합니다. 그리고 목사는 그 필요한 양식에 감사하여야 합니다.

게 들리는 말입니다. 하지만 그 교회의 형편이 아무리 좋다고 하더라도 이것은 목사의 요구사항이 아닙니다. 목사가 대우받으려고 공부를 하는 것이 아닙니다. 세상적인 성공을 성취하려고 공부하는 것이 아닙니다. 전문직업인이 되어서 그에 걸맞은 대우를 받기 위하여 공부하는 것이 아닙니다.

목사의 공부는 오직 설교자로서 바르게 준비하려고 하는 것입니다. 학력이 어떠하든 목적은 동일합니다. 그래서 교회가 학업을 위하여 장학금을 주는 것입니다. 학위는 나중에 더 많은 대우를 받으려는 보험이 아닙니다. 이것은 모두 목사직에 대한 소명이 부족하거나 왜곡되었기 때문입니다. 목사의 삶이 세상의 모습과 다르지 아니하면 성도가 상처를 받고 도피 성도가 되는 것입니다.

도피 성도를 만든 목회 10_ 맘몬의 종이 된 은퇴

또 하나, 목사는 떠날 때를 알고 있어야 합니다. 그리스도인의 삶이 순례자의 삶이듯이 목사의 삶은 더더욱 그러합니다. 이것은 매우 힘들고 어려운 일입니다. 이별은 결코 쉽지 않습니다. 하지만 목사의 소명은 잘 떠나는 것입니다. 특별히 교회를 세우고 떠나는 일에 최선을 다해야 합니다. 목사는 교회를 허무는 자가 아닙니다. 교회를 세우고 떠나야 합니다. 그것이 목사로 부르신 이유입니다. 교회가 무너지는 것은 하나님이 결코 기뻐하시지 않습니다. 당장은 힘들 수 있고 어려움이 있을 수 있습니다. 그러나 교회를 허물지 않은 목사는 반드시 하나님의 은혜를 받게 되어 있습니다.

교회가 아픔을 겪고 있는 현장들을 보면 교회를 세우는 데는 관심이 없고 허무는 일에 더 열심인 모습을 봅니다. 한평생 같이 신앙생활 하였던 선생과 제자, 동료 사이에 막말과 저주와 욕설이 오갑니다. 목사도 예외가 아닙니다. 정말 예수를 믿었는지 의심될 정도입니다. 교회가 분란을 겪고 있는 현장은 그 이유가 분란 수만큼 다릅니다. 그래서 한 마디로 정의할 수 없습니다. 누가 누구를 탓하기도 힘들 정도입니다. 그러나 교회를 허무는 것은 너무나 가슴 아프고 슬프고 악한 일임이 분명합니다.

목사는 교회를 세우는 자로 부름받았지 허무는 자로 부름받지 않았습니다. 이것을 잊지 말아야 합니다. 어디를 가든 무엇을 하든 교회를 세우는 자로 부름받은 것이 목사입니다. 이 사실을 항상 기억한다면 성도들은 소망을 볼 것입니다. 그렇지 않고 목사가 권력을 유지하고 목구멍을 지키기 위하여 교회가 무너지든 말든 관심이 없다면 그것은 더 이상 목사라고 부를 수 없습니다.

특별히 목사의 은퇴는 가장 복스러운 자리가 되어야 합니다. 그런데 은퇴예우 문제로 교회와 서로 싸우는 자리가 된다면 그것은 가장 슬픈 자리입니다. 거창하게 시작하였다가 초라하게 끝나는 것입니다. 물론 이를 위하여 교회가 잘 준비해야 합니다. 하지만 우선순위는 목사의 자세입니다. 하늘 영광을 위하여 살았다면 은퇴 역시 하늘 영광이 되어야 합니다. 그렇지 않고 맘몬의 종이 되어 버린다면 일생의 목회가 물거품이 되는 것입니다.

많은 성도들이 은퇴할 때 목사가 보이는 모습으로 인하여 교회를 떠나기도 합니다. 평화스러운 교회가 분열되는 것은 맘몬의 미혹에 무너졌기 때문입니다. 목사의 은퇴는 성도로 하여금 교회를 세우는 영광을 지속하게 합니다. 하지만 교회가 개인의 사금고로 인식되면 더 이상 교회는 소망을 주지 못합니다. 결국 도피 성도를 양산하게 합니다. 이것은 소명으로서의 목사가 아니라 직업으로서의 목사로 살았다는 반증이 됩니다. 그러한 곳에서 무슨 구원의 소망을 보겠습니까? 맘몬의 종으로서의 은퇴가 도피 성도를 만든 원인이 된 것입니다.

7장 도피 성도가 될 수 있는 영적 질병

내 안에 있는 질병 1_ 샤머니즘적 신앙

"자신의 눈에 있는 들보"

도피 성도로 떠도는 원인 가운데 마지막으로 성도 자신의 문제를 보고자 합니다. 삶의 모든 문제에는 내적인 원인이 존재하지 않음이 없습니다. 자신에게는 아무 문제가 없는데 도피 성도가 된다는 것은 불가능하고 또한 문제 해결에 아무 도움이 되지 않는 생각이라고 할 수 있습니다.

자신의 영적 문제를 동일하게 잘 살펴서 도피 성도가 되는 상황이 일어나지 않도록 하는 것이 중요합니다. 그런 측면에서 도피 성도가 되게 하는 원인을 정직하게 살펴보는 것이 중요합니다.

앞서서 교회의 요인과 목사의 요인을 살펴보았습니다. 이것이 크고 우선되는 원인이지만 여기에만 머물 수 없습니다. 냉철하게 나에게는 아무 문제가 없었는지 살피는 것이 중요합니다. 그렇게 할 때 성도 자신의 문제도 심각함을 볼 수 있습니다. 예수님이 말씀하시듯이 자신의 눈에 있는 들보는 보지 못하고 남의 눈에 있는 티끌만 보는 것처럼 성도 자신의 모습에서도 도피 성도로 떨어질 수 있는 원인을 찾아볼 수 있습니다. 그러므로 철저하게 자신의 모습을 파악하고 회복하여야 합니다. 그렇지 않으면 긴 시간 집을 떠나 방황하게 될 것입니다.

한국적이면서 세계적인 현상

도피 성도로 전락하게 되는 성도의 신앙하는 자세 가운데 가장 한국적이면서 동시에 세계적인 현상이 있습니다. 바로 샤머니즘적 신앙입니다. 어디에나 존재하지만 특별히 한국 교회에 만연되어 있는 신앙하는 자세입니다.

샤머니즘이란 "병든 사람을 고치고 저세상과 의사소통을 하는 능력을 지녔다고 믿어지는 샤먼(shaman)을 중심으로 하는 원시종교"입니다.[45] 그런데 이러한 모습을 기독교 신앙에서도 볼 수 있습니다. 신앙에 대한 이해가 샤머니즘적 행위에 멈춰 있는 것입니다. 그러니 교회 생활이라는 것이 자신의 삶을 윤택하게 하는 일에 초점이 맞춰져 있었습니다. 이러한 샤머니즘 신앙에서 발아한 것이 바로 기복주의 신앙입니다. 기복주의는 철저하게 이기적인 신앙으로 오직 부하게 되는 것에 신앙의 의미를 두고 있습니다. 이

---

45 다음 한국어사전, '샤머니즘' 항
    http://dic.daum.net/search.do?q=%EC%83%A4%EB%A8%B8%EB%8B%88%EC
    %A6%98&dic=kor&search_first=Y

러한 신앙은 어렵고 힘들었던 시대에는 아주 강력한 힘이 되었습니다.

기복주의는 '삼박자 구원'이라는 말에서 잘 드러납니다. 요한삼서 2절에 기록된 말씀을 근거로 영혼이 잘되고 범사가 잘되고, 건강의 복을 받는 것이 삼박자 축복입니다. 이러한 신앙은 성도의 삶을 철저하게 현세 중심으로 살게 하고 물질 중심의 삶을 지향하게 하였습니다. 이러한 신앙이 한국 교회의 성장기에 가장 큰 영향을 주었습니다.

하지만 이러한 신앙은 인격적이고 역사적인 믿음이 아닙니다. 지극히 개인적이고 이기적인 신앙에 머물러 인격적인 변화를 이끌지 못하고 사회 변혁적인 삶을 기대할 수 없습니다. 이 모습이 굳어지면 더 이상 말씀의 지배를 받지 않습니다. 이러한 모습은 참된 기독교 신앙이 아닙니다. 현세에 집착하고 개인주의적 신앙과 물질적 기복주의 신앙에 머물게 하는 것은 성경의 기독교와 다릅니다. 결국 이러한 모습은 많은 사람들로 하여금 교회를 사회 기관의 하나로 여기도록 만들었습니다.

샤머니즘과 기복주의에 물들어 있는 비인격적인 신앙은 자신의 소망이 이루어지지 않으면 과감하게 교회를 바꿔 버립니다. 그러기를 여러 번 하면 아예 차 버리고 맙니다. 교회를 이와 같이 여기고 다녔던 성도라면 자신의 기도가 이뤄지지 않았을 때 교회를 떠납니다. 인내하고 하나님의 뜻으로 받아들이지 않습니다. 바로 이 지점에서 스스로를 합리화합니다. 급기야 교회와 목사를 향하여 능력이 없다고 비판하기 시작합니다. 자주 목도하는 장면입니다. 그리고 도피 성도의 자리로 기꺼이 나갑니다. 샤머니즘적 신앙은 오래지 않아 교회를 등지게 만듭니다.

내 안에 있는 질병 2_ 영적인 무지와 교만

도피 성도 가운데 나타나는 독특함이 있습니다. 영적인 무지와 영적 교만의 혼재입니다. 그래서 만나는 사람마다 다르고 이유도 제각각인 것을 볼 수 있습니다. 우선적으로 볼 수 있는 광경은 영적 무지입니다. 신앙을 단지 개인적 평안만을 위하여 선택하였다고 믿는 이는 설교나 혹은 관계를 통하여 받는 불편함을 견디지 못합니다. 자신의 평안을 해치는 일을 참지 않습니다. 특별히 설교에 민감합니다. 자신의 평안을 흔드는 죄에 대한 설교를 싫어합니다. 좀 더 평이하고 편안한 설교를 듣고 싶어 합니다. 이러한 모습은 포스트모던 사회에서 더욱 맹위를 떨치고 있습니다. 심각하거나 교리적인 설교를 힘들어합니다. 그리고 비판을 합니다. 형식주의라든가, 율법주의라든가, 근본주의라는 말을 붙이기 시작합니다. 적어도 자신의 죄를 지적받기를 거부합니다. 그래서 웃고 노래하고 감동을 받아 우는 일에 집중합니다. 자신의 영적인 상태를 진단받고 성경이 말하는 것이 무엇인지 깊이 인식하지 못합니다.

영적인 깊은 깨달음의 자리에 이르는 것보다 표피적인 신앙에 만족하고 자신의 평안을 추구합니다. 이런 사람들이 종종 하는 말이 있습니다. 일주일 동안 어떻게 살았는데 설교를 통하여 또 자신의 죄에 대하여 책망을 받아야 합니까? 목사가 경쟁적인 삶을 살아 보았습니까? 너무 모르는 소리를 한다고 말합니다. 일리 있는 이야기입니다. 하지만 옳은 것은 아닙니다. 하나님이 설교자를 세운 것은 단지 위로만을 위한 것이 아닙니다. 진리를 전하고 궁극적으로 영원한 평안을 빼앗아 가는 죄에 대하여 말하고 그래서 죄 죽임의 자리에 이르게 하는 것이 목사의 일이며 교회가 존재하는 이유 중 하나입니다.

하지만 영적인 무지가 오래되면 도피 성도의 자리로 떨어지게 됩니다. 더구나 자신의 만족을 위하여 다녔던 교회가 필요를 채워주지 못하면 영적인 시험과 방황에 이를 수 있습니다. 그러나 신앙은 자기만족이 아니라 진리에 대한 순종입니다. 그리고 그 믿음은 진리에 대한 지식에서 시작합니다. 믿음이 견고할 때 영적인 싸움을 감당할 수 있습니다. 영적인 무지는 도피 성도의 삶을 막는 일에 아무런 힘도 발휘하지 못합니다.

그러나 동시에 많이 알고 있다는 영적 교만 역시 도피 성도를 만들어 냅니다. 진리를 분별할 수 있는 능력을 가진 것은 참으로 복된 일입니다. 진리를 분별할 수 있다는 것은 진리가 주는 자유를 누리고 있다는 의미이기 때문입니다. 그러나 이러한 자세가 판단하고 비판하고 비웃는 자리에 이르게 되면 심각한 영적 질병을 앓게 됩니다. 바로 도피 성도가 되는 것입니다.

아름다운 영적 성숙은 자신의 존재가 저절로 이루어지지 않았음을 아는 자의식입니다. 우리는 원하는 부모 밑에서, 원하는 환경에서 스스로 태어나지 않았습니다. 태어나기 위해 우리가 할 수 있는 일은 아무것도 없습니다. 지금의 자리에 이르기까지도 얼마나 많은 이들의 사랑과 도움이 있었는지 모릅니다. 이 사실을 아는 사람과 모르는 사람의 차이가 인간됨의 차이를 만들어 냅니다. 영적으로 성숙하면 자신이 많은 이들의 사랑과 섬김으로 자라났다는 것을 알고, 이 모든 것이 하나님의 은혜였음을 고백합니다. 그래서 교만하지 않고 겸손합니다. 바울은 "나의 나 된 것은 하나님의 은혜"(고전 15:10)라고 고백하였습니다. 이 얼마나 멋진 고백입니까? 그러니 어찌 교만하겠습니까?

그런데 도피 성도 가운데 일부는 이러한 영적 교만의 자리에 있는 것을 봅니다. 비판하고 판단하고 우습게 여깁니다. 아는 것이 영광이 아니라 멸망에 이르게 한 것입니다. 말씀을 받는 것이 아니라 분석합니다. 그리고 하나님의 뜻을 발견하는 것이 아니라 구경꾼으로 함께합니다. 이들은 종종 베뢰아 교인들을 예로 들면서 열을 냅니다(행 17:10-12). 그런데 베뢰아 교인들처럼 겸손하게 순종하고 헌신하지 않습니다. 그래서 변종 베뢰아 성도가 되어 버립니다. 비판은 있되 순종이 없습니다. 분별을 하되 헌신하지 않습니다. 지적은 하되 겸손이 없습니다. 그래서 입으로는 시인하고 행위로는 부정하는 신앙(딛 1:16)을 보입니다. 안다는 것이 아름다우려면 겸손한 순종이 필요합니다. 그리고 자신의 만족이 아니라 성경의 가르침에 복종하는 것입니다.

이러한 순종 없는 비판, 겸손이 없는 분별은 결국 다툼을 일으키고 교회를 등지고 도피 성도의 자리에 이르게 됩니다. 이렇듯 영적인 무지와 영적인 교만은 일란성 쌍둥이와 같이 도피 성도가 되게 하는 원인이 됩니다.

내 안에 있는 질병 3_ 빈약한 성경적 세계관[46]

회심한 그리스도인의 가장 큰 특징은 세상을 바라보는 눈이 달라지는 것입니다. 삶에 대한 태도도 달라집니다. 삶의 목적이 교정됩니다. 다시 말하면 성경적 세계관이 형성된 것입니다. 사람은 누구든지 자신이 보는 대로 살아갑니다. 안경을 쓰고 있다면 그 안경에 맞게 세상이 보이는 것입니다. 좀 더 설명한다면 안경은 미리 가지고 있는 생각이라 할 수 있습니다. 그런데 미리 가지고 있는 생각은 저절로 생겨나는 것이 아니라 훈련을 통하여 가지게 되고 그것이 문화가 되어서 자연스럽게 습득하며 사는 것입니다. 우리는 밥을 먹을 때 숟가락을 사용하지만 중국 사람들은 젓가락을 사용합니다. 우리는 어른과 친구가 되는 것이 어렵지만 서구는 나이 차이가 있어도 친구가 되는 것이 어렵지 않습니다. 빨간색이 우리에게는 좋은 의미가 아니지만 서구는 그렇게 의미를 두지 않습니다. 이러한 전제들이 삶을 판단하고 결정하는 데 지대한 영향을 미치는 것입니다.

성경적 세계관이 빈약하면 신앙의 판단이 흔들리게 되어 있습니다. 성경이 무엇을 말하는지 분명하게 인식하지 못하면 세상의 기준에 따라 신앙할 수 있습니다. 그리고 그 기준에 따라 교회를 판단합니다. 교회가 주는 서비스의 질을 기대합니다. 그리고 기대에 미치지 못할 때면 여지없이 비판의 칼날을 세우는 것을 볼 수 있습니다.

성도들 안에 기생하고 있는 세속적 세계관을 청소하지 않고서는 어떠한

---

46 성경적 세계관에 관한 내용은 졸저 『기독교 세계관이 상실된 세상에서』(고양: 우리시대, 2015)를 참조하면 좋을 것 같습니다.

열매도 얻을 수 없습니다. 세속화된 세계관의 대표적인 모습 두 가지를 열거해 보면 금방 알 수 있습니다.

첫째, 번영신학에 물든 신앙입니다.

이것은 한국 사람들의 심성과 상황에 잘 맞는 옷이라 할 수 있습니다. 그래서 오랫동안 많이 사용되었으며 때로는 효과를 크게 보았습니다. 이것을 가장 잘 실어나른 도구 중 하나는 부흥회였을 것입니다. 신앙의 목적이 이 땅의 성공에 있고 그것을 긍정의 힘으로 이룰 수 있다고 믿었습니다.

번영신학의 가장 큰 기반은 긍정의 힘입니다. 성경은 긍정적인 삶에 대하여 가르칩니다. 그러나 긍정적으로 생각할 때 무엇이든지 내가 원하는 대로 하나님의 뜻이 이뤄진다고 말하지 않습니다. 긍정의 힘이 무서운 것은 죄에 대한 선포를 포기하거나 약화시키는 것입니다. 그러나 성경은 죄를 선포하라고 말합니다.

"크게 외치라 아끼지 말라 네 목소리를 나팔같이 날려 내 백성에게 허물을, 야곱 집에 그 죄를 고하라"_사 58:1

성경은 죄에 대하여 선포하고 외치라고 말합니다. 그러나 긍정의 힘으로 포장된 번영신앙은 이러한 가르침에 침묵합니다. 그래서 성경의 가치를 삶의 중심으로 삼지 않습니다. 오직 복 받은 이야기만 선택하여 강조합니다.

그러나 성경은 땅엣 것을 찾지 말고 위엣 것을 찾으라고 말합니다(골

3:1-2). 이렇게 빈약한 세계관을 가지고 있으니 더 나은 성공을 주는 세계관 앞에서 혼돈을 겪고 있는 것입니다.

둘째, 고지론 신앙입니다.

이것은 기복주의(번영신학), 성공주의 신앙과 함께하지만 좀 더 선동적입니다. 그래서 청년들을 흥분시킵니다. 하나님의 영광을 위하여 크게 쓰임을 받으려면 높은 곳에 올라가야 한다는 것입니다. 그래서 정치, 경제, 사회 문화의 꼭대기에 올라가는 것을 부추기는 신앙입니다. 고지론 신앙은 여러모로 현대인들에게 도전이 되고 흥분이 됩니다. 그러한 사람이 나올 때 저마다 꿈을 꾸기 때문입니다. 그러나 고지는 한 곳입니다. 많은 사람이 갈 수 없습니다. 결국 낙오자가 존재합니다. 그 사람은 실패한 신앙입니까? 삶의 현실에서 낮은 곳에 더욱더 하나님의 사람들이 필요합니다. 하나님은 다양하게 사람을 부르시고 다양하게 사용하십니다. 하나님 앞에서는 차별이 없습니다. 은사대로 부르셨기에 은사에 합당하게 사는 사람을 존중히 여기십니다. 고지론 신앙은 그럴듯하지만 사실 매우 빈약한 신앙입니다. 특별히 고지론 신앙의 왜곡된 폐해는 고등학교 시절부터 시작합니다. 바로 주일성수를 파괴하게 합니다. 대학을 위하여 주일을 가볍게 여기는 신앙이 그 한 예입니다. 고3 시절 교회를 등진 이들이 다시 참된 신앙의 자리로 온다는 것은 매우 어렵다는 것을 알아야 합니다.

이렇듯 고지론 신앙은 겉보기에는 뜨거움을 가지고 있지만 실제로는 위험 요소를 많이 가지고 있다고 할 수 있습니다. 고지론 신앙은 세상이 말하는 스펙 쌓기에 면죄부를 주고 있습니다. 자신의 은사와 달란트가 아니라 고지가 목적이기 때문입니다. 이러한 모습은 동일한 집단이 모여 있는 곳을 선호합니다. 그래서 계층을 형성합니다. 이것은 성경이 말하는 교회로서 합당한 모습이 아닙니다. 교회를 통하여 고지를 점령하고 싶은 열망이 교회를 차별하는 신앙에 이를 수 있습니다. 그리고 만족하지 않을 때 언제든지 자신의 고지를 위하여 필요를 채워 줄 수 있는 교회를 찾아 나섭니다. 이렇게 도피 성도가 되는 것입니다.

내 안에 있는 질병 4_ 편리주의 신앙

포스트모던 시대에 딱 들어맞는 신앙의 모습입니다. 복잡하고 고민되고 생각해야 하는 신앙을 좋아하지 않습니다. 자신의 편리가 침해되는 것을 원하지 않습니다. 자신이 옳게 여기는 대로 신앙하기를 요구합니다. 그러니 좀 더 편한 곳을 찾습니다. 한꺼번에 모든 것을 해결할 수 있으면 좋습니다. 아이들의 영적인 교육도 큰 교회가 잘 할 것이라고 의존합니다. 물론 큰 교회가 여러 가지 조건이 좋습니다. 그러나 조건과 신앙교육의 우수함은 다른 문제입니다. 자녀의 신앙은 부모의 신앙에 달려 있습니다. 부모의 빈약한 세계관은 그대로 자녀들에게 전달됩니다. 그와 상관없이 시설 좋은 곳에 맡기면 된다는 생각이 얼마나 바보 같은지 모릅니다.

편리주의는 무섭게 교회를 파고들고 있습니다. 그래서 교회가 두려워합니다. 소비자들의 편리에 대한 요구가 점점 거세어지고 있기 때문입니다. 편리를 찾아 떠다니는 이들이 참으로 많습니다. 그런데 문제는 편리를 찾아 떠난 곳에서 상처를 입었을 때입니다. 갈 곳이 없어집니다. 그만큼 편리한 곳을 찾기가 힘들기 때문입니다. 그래서 떠돌아다닙니다. 참으로 슬픈 현실입니다.

그러나 더 아픈 것은 상처를 피하고 편리를 누리기 위하여 익명의 그리스도인으로 사는 것입니다. 교회에 속하지도 않고 멀어지지도 않고 편리를 누리는 것입니다. 서울의 어떤 교회는 주일에 여러 빌딩에서 동시에 화상으로 예배를 드린다고 합니다. 사람들이 집을 나와서 예배당에 오지만 실상은 인터넷 예배와 큰 차이가 없습니다. 그런데 편합니다. 그리고 사람들에게 교회 다닌다고 말할 수 있습니다. 하지만 성도의 교제가 없습니다. 한 몸이라는 지체의식도 빈약합니다. 그러니 서로를 위하는 인격적인 기도 역시 부족합니다. 더구나 함께 성찬에 참여하지도 않습니다. 이것은 성경적 교회의 모습이 상실되었음을 보여줍니다. 그런데 편리합니다. 간섭도 없습니다. 헌금 강요도 없습니다. 출석 요구도 없습니다. 이러한 편리가 익명의 성도로 살게 하고 미래의 도피 성도를 양산하게 합니다.

성경이 말하는 것이 무엇인지, 교회의 역사가 알려주는 것이 무엇인지에 대한 고민이 없습니다. 이렇게 빈약한 세계관은 현실에 만족하게 하는 세속적 신앙에 머물게 합니다. 그리고 도피 성도의 자리를 예약합니다.

내 안에 있는 질병 5_ 인내의 부족

인내는 우리의 신앙을 견고하게 만들어 줍니다. 그리고 인내는 우리의 성품을 다듬어 줍니다. 그래서 하나님이 보시기에 기뻐할 만한 사람으로 자라게 해 줍니다. 인내가 중요한 이유가 여기에 있습니다. 인내는 다양한 영역에서 필요합니다. 단지 고난이 있는 현실에서만 요구되는 것이 아닙니다. 인간관계에서도 매우 중요합니다. 그리고 교회 생활에서 더욱 필요합니다.

도피 성도의 자리에 서 있는 분들을 보면 이 점이 아쉬울 때가 있습니다. 물론 교회가 무엇인지에 대한 분명한 고백이 빈약하기 때문이기도 하고 또한 교회가 가지고 있는 개교회 우선주의도 한 몫하고 있지만, 많은 일을 너무나 빨리 결정한 것을 봅니다. 더구나 가야 할 교회를 생각하고 준비하지 않고 즉흥적으로 결정함으로 도피 성도가 되는 것을 봅니다.

우리나라가 이혼율이 세계 1위라고 합니다. 여러 가지 이유가 있지만 그 중 하나는 너무 쉽게 말하는 습관일 것입니다. 우리는 조금만 힘들면 힘들어 죽겠다, 배고파 죽겠다는 등 부정적 단어를 잘 씁니다. 이 습관이 가정생활에서 나타날 때 위기가 옵니다. 조금만 흥분하면 우리 그만 살고 헤어지자는 말을 아무 고민 없이 툭 내뱉습니다. 그런데 말이 씨가 된다고 하듯이 그렇게 내뱉은 말은 엄청난 상처를 가져옵니다. 가정생활만이 아닙니다. 직장 생활, 동호회 생활 그리고 신앙생활에서도 그만 살자, 나 탈퇴하겠다는 말은 정말 조심해야 합니다. 그렇지 않으면 큰 화를 불러오는 것입니다.

이러한 자세가 신앙생활 가운데 나타나면 도피 성도의 자리에 가게 됩니다. 교회의 성도가 된다는 것은 결혼하는 것과 같습니다. 그런데 마음에 들지 않고 불편하다고 교회를 떠나는 것은 참으로 불쌍한 일입니다.

우리가 기억할 것이 있습니다. 그것은 지상에 완벽한 교회는 없다는 사실입니다. 완벽한 교회가 있다면 저도 그 교회를 다니고 싶습니다. 그러나 없습니다. 없기에 인내가 필요한 것입니다. 하나님이 기뻐하시는 교회를 세우는 일에는 많은 수고가 필요합니다. 그리고 인내가 요구됩니다. 인내를 통하여 우리의 인격이 성숙되고 모난 부분이 깎입니다. 그렇게 인내한 사람들이 조금이나마 하나님이 기뻐하시는 교회를 만들어 가는 것입니다. 그렇다고 완벽할 수 없습니다. 더구나 사단은 교회가 건강해지는 것을 시기합니다. 그래서 다양한 방법으로 교회를 힘들게 합니다. 그러기에 교회의 지체들은 서로 기도하고 배려하면서 교회를 세워가야 합니다. 그것이 교회로부터 도피하는 그리스도인을 막는 일입니다.

내 안에 있는 질병 6_ 공동체 의식의 결핍

도피 성도가 발생하는 경우를 보면 지체 의식과 주인 의식으로 대변할 수 있는 공동체성이 실종된 것을 자주 봅니다. 교회가 조금만 힘들어지면 여지없이 교회를 떠나는 이들이 있습니다. 자신의 편리함이 침해받는다는 생각에서입니다. 익명의 그리스도인으로 적당한 헌금을 하며 편리를 누리고 싶은데 헌신을 요구합니다. 고통 분담을 요구합니다. 그러니 귀찮은 것입니다. 교회가 여기뿐이냐는 생각이 발동합니다. 실상 주변을 돌아보면 교회가 많습니다. 그래서 쉽게 떠납니다. 그러기를 여러 번 반복하면 도피 성도의 자리로 떨어집니다. 이렇게 도피 성도가 되면 변명이 많습니다. 이 교회는 어떻고, 저 교회는 어떻다는 식의 무용담과 함께 떠돌이 생활을 합니다.

실제로 교회가 건축을 하거나 재정적으로 어려울 때 많이들 교회를 떠납니다. 물론 교회가 불의하거나 무리한 일을 벌이거나 혹은 성경의 가르침과 동떨어진 모습을 보였기 때문에 상처를 깊이 받고 싸우다 지쳐서 교회를 옮길 수 있습니다. 그런데 헌신하기가 부담스러워서 떠나는 이들도 상당합니다. 그렇게 교회를 떠난 사람들이 상당수 정착하는 곳이 대형 교회입니다. 대부분 헌신에 대한 부담감 때문이라고 할 수 있습니다. 진실로 불의함 때문에 떠난 성도들은 동일하게 작은 교회를 찾아서 헌신을 합니다.

하나님께서 지상의 교회를 허락하신 이유는 공동체로서 하나님 나라를 건설하게 하기 위함입니다. 그래서 서로 짐을 지고 살아가는 것입니다. 서로 짐을 지는 것이 성도의 아름다운 모습이며 그 실체가 바로 교회입니다. 바울은 이렇게 권면합니다.

> "너희가 짐을 서로 지라 그리하여 그리스도의 법을 성취하라"_갈 6:2

서로 짐을 질 때 그리스도의 법을 성취할 수 있습니다. 서로 짐을 지기 위해서는 지체이면서 주인이라는 의식이 있어야 합니다. 성도는 단지 구경꾼으로 존재하지 않습니다. 방문객은 성도라고 말할 수 없습니다. 방문객에게 교회를 세우는 일을 요구할 수 없습니다. 방문객은 결코 주인이 될 수 없습니다.

그러나 성도는 한 지체입니다. 동역자입니다. 주인입니다. 우리는 머리 되신 그리스도에게 접붙여 있는 지체입니다. 이 자세가 중요합니다. 이것이 무너지면 방문객이 되고 도피 성도의 자리로 떨어질 수 있습니다. 지체 의식과 주인 의식이 교회를 세웁니다. 그리고 서로 배려하고 인내하고 격려하며 교회를 세웁니다.

그런 의미에서 이러한 자세가 나에게 있는지 살펴보아야 합니다. 성도로서 나의 모습이 어떠한지 생각해야 합니다. 우리가 이러한 생각을 가지고 있지 않으면 외적인 충격에 쉽게 무너지고 마침내 도피 성도의 자리로 내몰리게 될 수 있습니다. 그러므로 우리 역시 잘 준비하는 것이 필요합니다. 어떠한 지진이 와도 흔들리지 않는 영적 내진설계를 하여야 합니다. 그것이 교회를 살리고 하나님 나라를 확장하는 일입니다. 우리 주님 재림하시는 그 날까지 치열한 영적 전투를 잘 이길 수 있어야 합니다. 도피 성도의 자리로 나가지 않도록 몸부림쳐야 합니다.

8장 도피 성도가 가져온 슬픔, 가져올 아픔

교회로부터 도피하는 삶을 원하는 그리스도인이 누가 있겠습니까? 정든 고향과 집을 떠나서 방황하는 것은 참으로 서글픈 일입니다. 그 길이 본향을 향하는 나그네의 길이라는 정체성이 있다면 모를까, 갈 곳이 없는 상태로 살아간다는 것은 참으로 비참한 일이 아닐 수 없습니다. 이것이 교회로부터 도피한 성도들의 모습에서 볼 수 있는 슬픔입니다. 그 아픔이 뼛속 깊이 시릴 것입니다. 이 장에서는 그 가슴 아픈 현실을 그대로 나누고자 합니다.

1. 교회를 무시함

가장 서글픈 일은 교회를 무시하게 되는 것입니다. 교회로부터 도피한 사람들의 모습에는 교회에 대한 실망과 분노가 남아 있습니다. 그래서 교회를 무시합니다. 하지만 교회는 무시되면 안 됩니다. 그것은 곧 예수 그리스도를 무시하는 태도를 불러오기 때문입니다. 교회가 준 아픔으로 교회를 떠났기에 교회에 대한 소망을 포기하고 있습니다. 그러나 포기하면 절대 안 되는 것이 바로 교회입니다.

교회가 무엇입니까? 바로 그리스도의 몸입니다. 교회의 머리는 그리스도입니다. 교회는 사람이 만든 것이 아닙니다. 하나님의 선물입니다. 예수님은 제자들의 신앙고백을 들으신 후에 자신의 교회를 세울 것을 명령하셨습니다(마 16:13-19).[47] 더구나 이 교회는 이미 구약에 있었던 교회입니다(행 7:38)[48] 사람이 임의대로 세운 교회가 아닙니다. 하나님의 선물이며 주님이 설립하신 교회입니다. 그러므로 교회를 무시하는 것은 하나님의 선물을 가치 없게 만드는 죄를 짓는 일입니다.

물론 교회를 부끄럽게 만드는 것 역시 하나님 앞에 죄입니다. 그렇다고 교회를 무시하는 것은 다시금 교회로 돌아올 기회를 스스로 막는 일이 될 수 있습니다. 그런데 도피 성도로 사는 이들의 모습에서 강력하게 나타나는 것은 교회를 무시하는 태도입니다. 아마 이렇게 이야기하면 다음과 같

47　"예수께서 가이사랴 빌립보 지방에 이르러 제자들에게 물어 가라사대 사람들이 인자를 누구라 하느냐 가로되 더러는 세례 요한, 더러는 엘리야, 어떤 이는 예레미야나 선지자 중의 하나라 하나이다 가라사대 너희는 나를 누구라 하느냐 시몬 베드로가 대답하여 가로되 주는 그리스도시요 살아 계신 하나님의 아들이시니이다 예수께서 대답하여 가라사대 바요나 시몬아 네가 복이 있도다 이를 네게 알게 한 이는 혈육이 아니요 하늘에 계신 내 아버지시니라 또 내가 네게 이르노니 너는 베드로라 내가 이 반석 위에 내 교회를 세우리니 음부의 권세가 이기지 못하리라 내가 천국 열쇠를 네게 주리니 네가 땅에서 무엇이든지 매면 하늘에서도 매일 것이요 네가 땅에서 무엇이든지 풀면 하늘에서도 풀리리라 하시고"

48　"시내 산에서 말하던 그 천사와 우리 조상들과 함께 광야 교회에 있었고 또 살아 있는 말씀을 받아 우리에게 주던 자가 이 사람이라"

이 말할지 모르겠습니다. 나는 지상 교회를 부인하지 천상 교회를 부인하지 않는다고 말입니다. 많은 사람들이 말하고 있듯이 예수님을 불신하는 것이 아니라 교회를 불신한다고 말합니다. 하지만 예수님과 교회는 분리되어 말할 수 없습니다. 물론 이미 밝혔듯이 지상의 교회는 불완전합니다. 오직 천상의 교회만이 완전합니다. 하지만 지상의 교회 없이 천상의 교회는 생각할 수 없습니다. 예수님께서 말씀하신 것은 지상의 교회이기 때문입니다. 그러므로 천상의 교회는 믿지만 지상의 교회는 불신하겠다는 것은 합당하지 않습니다. 다시 말한다면 예수님은 믿겠지만 교회는 다니지 않겠다는 신앙은 결코 존재할 수 없다는 것입니다.

그러나 교회로부터 도피하면 교회 자체를 불신하고 무시합니다. 이것은 너무나 서글픈 일입니다. 교회가 부족하다고 교회 자체를 불신하고 무시하면 교회로 돌아오는 길이 점점 멀어집니다.

또한 교회에 대하여 단정적으로 말하고 저주하면 교회 문턱을 넘는 일이 힘들어집니다. 물론 우리의 경험을 볼 때 문제가 많은 교회들이 있습니다. 없어져야 할 것 같은 교회도 보입니다. 그렇다고 교회 자체를 무시하고 욕하고 저주하는 일을 한다면 그것은 교회의 머리이신 예수님을 모독하는 일이 됩니다. 예수님과 교회를 구분하여 말할 수 없습니다. 교회는 예수 그리스도이기 때문입니다. 그런데 이렇게 교회를 무시하는 것이 도피 성도의 위치에 있는 이들에게서 종종 볼 수 있는 슬픔입니다.

2. 신앙공동체를 상실함

교회는 공동체입니다. 그래서 성도들을 지체라고 부릅니다. 교회의 머리
이신 예수님에게 있어서 우리는 그의 지체들입니다. 교회는 이렇게 존재합
니다. 예수님과 그의 지체들을 통하여 세워집니다. 이것이 오늘 우리가 다
니고 있는 교회의 참 모습입니다. 그래서 교회의 아름다움은 지체들의 공
동체성에 있습니다. 바울은 빌립보 교회에 보내는 편지에서 교회의 공동체
성을 아주 강조하였습니다. 같은 마음과 같은 사랑과 같은 뜻과 한 마음을
강조하였습니다(빌 2:2).[49]

도피 성도의 슬픔은 바로 이러한 신앙공동체에 대하여 실망하고 기대를
하지 않는 것입니다. 결국 삶의 문제를 함께 나누고 기도할 수 있는 영적인
관계가 다 무너져 버립니다. 복음 안에서 교제(빌 1:3-5)[50]하는 행복을 누
리지 못합니다. 이것이 도피 성도로 살 때 주어진 슬픔이며 아픔입니다. 영
적인 삶에서 가장 큰 행복은 함께 기도하고, 함께 소망을 가지고 함께 하나
님 나라를 꿈꾸는 것입니다. 삶의 지혜를 말해 주거나 사회생활을 위한 충
고는 누구나 할 수 있습니다. 하지만 하나님께 기도하는 관계는 오직 영적
인 식구만이 가능합니다. 오직 영적 지체들만 몸이 함께 있든 함께하지 않
든 기도할 수 있습니다.

도피 성도로 살겠다는 것은 이러한 영적인 공동체가 더 이상 불필요하다

---

49 "마음을 같이 하여 같은 사랑을 가지고 뜻을 합하며 한 마음을 품어"
50 "내가 너희를 생각할 때마다 나의 하나님께 감사하며 간구할 때마다 너희 무리를 위하
　여 기쁨으로 항상 간구함은 첫날부터 이제까지 복음에서 너희가 교제함을 인함이라"

는 결정입니다. 그래서 자기 소견에 옳은 대로 신앙생활 하겠다고 말합니다. 이런 사람에게 나타나는 특징이 있습니다. 바로 성경을 대하는 태도입니다. 이들은 성경을 매우 강조합니다. 그래서 다른 어떤 것을 하기보다 성경만 읽겠다고 말합니다. 어떻게 생각하면 대단한 신앙인처럼 보입니다. 물론 그나마 다행입니다. 성경을 읽고 있다는 것이 분명 소망이 되기 때문입니다. 하지만 성경 이외에 다른 것에 대하여는 가치 없이 여기는 태도는 신앙이 불완전함을 보여줍니다. 그것은 영적 침체와 영적인 교만의 상태에서 동일하게 나타나는 태도이기 때문입니다.

하나님은 우리들에게 성경을 주시고 설교자를 보내셨습니다. 그리고 교사를 세우셨습니다. 건강하고 바른 신앙은 성경을 중심으로 균형이 잡힌 신앙입니다. 믿음의 선진들이 남겨 준 글과 성경을 함께 읽고 묵상할 때 우리의 신앙은 충만해집니다. 또한 이것이 우리로 하여금 신앙의 왜곡이나 이단의 미혹에 빠지지 않고 분별할 수 있게 합니다.

그리스도인들 가운데 종종 볼 수 있는 모습은 자신의 신앙에 대한 과신입니다. 성경을 제법 읽을 줄 알고 정확한 분별력을 가지고 있다고 자신합니다. 하지만 자신할 수 없는 것이 우리 자신입니다. 이것이 현실로 나타나는 것이 바로 이단의 발흥입니다. 실제로 이단들은 성경을 많이 읽습니다. 그리고 성경을 잘 알고 있다고 생각합니다. 그래서 자의적 해석에 빠지고 결국 이단에 쉽게 빠져들게 됩니다. 실제로 많은 사람들이 성경만 읽다가 이상한 신앙의 자리에 서게 됨을 봅니다.

온 성도에게 있어야 할 영적 공동체가 도피 성도에게는 없습니다. 신앙은 함께 만들어 갑니다. 그래야 건강한 신앙을 오래 유지합니다. 누군가 나를 위하여 기도하고 있다고 떠올릴 수 있는 것은 큰 힘이며 기쁨입니다. 더구나 복음 안에서 교제할 수 있다는 것은 더더욱 행복한 일이 아닐 수 없습니다. 이것이 영적인 위기와 고난 가운데 기댈 수 있는 힘이 되고, 극복할 수 있는 디딤돌이 되기도 합니다. 누군가에게 비빌 언덕이 있다는 것은 평상시에는 그 가치를 잘 못 느끼지만 위기의 순간에는 엄청난 힘이 됩니다. 수렁에서 나올 수 있는 힘이 바로 영적 지체들입니다.

그런 의미에서 영적 공동체를 귀하게 느끼지 못하고 함께하고 있지 않다면 그는 잠재적 도피 성도의 자리로 떨어질 수 있습니다. 도피 성도가 되는 일이 순간적으로 발생하는 것은 극히 드문 일입니다. 오랜 시간 동안 그 전조 증세가 있습니다. 그 하나가 바로 영적 공동체와의 교제 단절입니다. 그래서 스스로 자신을 잘 살펴야 합니다. 실제로 도피 성도들은 교회공동체를 잘 신뢰하지 않습니다. 복음 안에서 교제하기를 꺼려하는 것처럼 슬픈 일이 없습니다. 신앙 공동체가 상실되었다는 것만큼 슬픔이 없습니다. 도피 성도의 슬픔을 넘은 아픔입니다.

3. 목회자를 향한 깊어지는 불신

도피 성도의 슬픔은 교회와 공동체를 넘어서 목회자에 대한 불신으로 이어집니다. 목회자 스스로 초래한 면도 있지만, 이러한 불신은 모두에게 슬품을 줍니다. 목회자는 하나님이 세운 직분입니다. 그것은 교회를 세우고, 성도를 양육하고, 하나님의 나라를 건설하기 위함입니다. 성경은 이에 대하여 명확하게 말씀하고 있습니다.

> "그가 혹은 사도로, 혹은 선지자로, 혹은 복음 전하는 자로, 혹은 목사와 교사로 주셨으니 이는 성도를 온전케 하며 봉사의 일을 하게 하며 그리스도의 몸을 세우려 하심이라"
> _엡 4:11-12

하나님께서 직분을 허락하셨습니다. 그 이유가 분명합니다. 성도를 온전하게 하는 일입니다. 또한 봉사의 일을 하게 하심입니다. 신앙은 아는 것에서 끝나지 않고 섬기는 것으로 나타납니다. 이것이 열매입니다. 이를 통하여 기대하시는 것은 바로 "그리스도의 몸을 세우는" 일입니다. 여기서 그리스도의 몸은 교회입니다.[51] 그리고 이 몸은 바로 하나님 나라를 상징합니다. 하나님의 나라를 세우는 일에 목사를 사용하시는 것입니다.

그래서 그리스도의 장성한 분량에 이르도록 하는 것입니다. 이것이 목사의 직임입니다. 하나님의 일하심은 무작위가 아닙니다. 철저하게 질서가 있습니다. 그 질서의 중심에는 바로 사람이 있습니다. 창조의 절정은 바로 사람이었습니다. 그리고 구원의 절정 역시 사람입니다. 하나님은 사람을 통하여 천지를 통치하셨습니다. 그리고 사람을 통하여 구원하셨습니다. 사

---

51 "그는 몸인 교회의 머리시라 그가 근본이시요 죽은 자들 가운데서 먼저 나신 이시니 이는 친히 만물의 으뜸이 되려 하심이요"[골 1:18], "나는 이제 너희를 위하여 받는 괴로움을 기뻐하고 그리스도의 남은 고난을 그의 몸된 교회를 위하여 내 육체에 채우노라"[골 1:24]

람이 죽음으로 사람이 살아나는 길을 알려주셨습니다.

이 놀라운 일을 위해 하나님은 영적인 지도자를 세우셨습니다. 구약에서는 제사장, 선지자, 왕이었습니다. 하나님은 이 세 직분에게 기름을 부으시며 지도자의 임무를 맡겼습니다. 그러나 신약에서는 이 세 직분이 따로 존재하지 않습니다. 그리스도께서 다 이루셨기 때문입니다. 이제 그리스도와 연합된 성도들의 모습에서 만인 제사장과 선지자와 왕 직의 모습을 볼 수 있습니다.

그리스도인은 삶의 모든 영역에서 하나님의 사신으로 살아갑니다. 그런데 그 가운데 하나님은 교회 안에서 목사와 장로와 집사를 세워서 교회를 세우도록 하셨습니다. 그 가운데 목사의 직분은 하나님의 말씀을 바르게 전하는 자로 부르셨습니다. 목사는 하나님의 말씀을 잘 묵상하고 해석하여 성도들에게 바르게 전하는 일을 하여야 합니다. 이때 목사는 독단적인 해석을 하는 것이 아니라 공교회의 신앙고백 안에서 전하여야 합니다.

그러므로 목사가 건강할 때 교회와 성도가 건강합니다. 목사가 병들면 말씀이 바르게 증거되지 않음으로 교회는 혼란 가운데 빠지게 됩니다. 목사의 영적인 건강이 절대적으로 필요한 이유입니다. 그런데 목사가 소명을 상실하고 세속화되면 성도는 더 이상 목사에 대하여 기대를 하지 않습니다. 워낙 실망이 커서 말씀을 들을 수 없습니다. 그리고 목사를 무시하고 나가서 비아냥거립니다. 그리고 스스로 하나님의 말씀을 들으려고 합니다. 일순간 멋있게 보이지만 자신의 부패한 본성을 망각한 처사입니다. 신앙은 홀로 세워지지 않습니다. 그래서 하나님은 교회를 허락하시고, 목사를 세우신 것입니다.[52] 그렇기에 도피 성도가 되어 목사를 불신하고 모욕하는 자리에 설 때 그의 신앙은 심각한 타격을 입게 된 것입니다. 하나님의 뜻을 부정하는 일이기 때문입니다. 목회자에 대한 뿌리 깊은 불신은 공중 권세 잡은 자가 즐거워하는 일이고 하나님의 마음을 아프게 하는 일입니다. 그리고 교회를 흔들어서 세워지는 것을 힘들게 합니다. 오늘날 교회 개척이 어렵다는 것은 바로 이와 같은 모습을 보여주는 일입니다.

4. 자기 입맛대로

교회로부터 도피하는 그리스도인이 있어서는 안 됩니다. 하지만 현실은 그렇지 않습니다. 이곳저곳에 도피 성도가 있습니다. 한 매체에 난 기사의 일부입니다.

> "이제 진지하게 예수님의 제자가 되려는 그리스도인들은 따라서 권력이 된 교회를 떠나야 합니다. 기존의 교회를 떠나 자신이 권력지향적인 존재임을 인정하고 예수님을 따라 사랑으로 힘과 권력을 무력화시키는 길을 걷는 사람들이 모여

---

52 목사에 대한 불신으로 스스로 성경을 읽고 신앙하는 공동체가 있습니다. 그런데 그 공동체에도 질서가 있음을 봅니다. 은사가 있는 사람이 설교합니다. 그 사람은 목사 안수를 받지 않았지만 목사의 직무를 하고 있는 것입니다. 이런 경우 목사로 임직하는 것이 합당합니다. 혹 목사로 사는 것이 불편해서 성도로 설교하는 멋을 부리는 것은 아닌지 돌아볼 필요가 있습니다.

성령공동체를 이룬다면 틀림없이 그곳에서는 세상에서 천대
받는 무리들이 분에 넘치는 사람대접을 받게 될 것입니다."[53]

지금은 교회를 떠나야 할 때라고 말합니다. 그리고 떠난 사람들끼리 새
로운 공동체를 만들자고 말합니다. 고민이 많이 깃든 글이라 생각합니다.
하지만 이 땅에는 완벽한 공동체는 없습니다. 조금은 나아지겠지만 분명
곧 비슷한 상황에 내몰리게 될 것입니다. 이들이 원하는 공동체가 되려면
성장을 기대해서는 안 됩니다. 새로운 사람들의 영입은 자칫 자신들이 추
구하는 가치를 허물게 할 수 있기 때문입니다.[54] 그래서 많은 경우에 오래
가지 못하는 것을 봅니다.[55]

또한 이들은 사람이 선하다는 전제에서 출발합니다. 하지만 권력지향적
인 교회를 떠난 사람들이 모인 교회는 전혀 권력지향적이지 않을까요? 어
느 정도 그럴 수 있지만 타락한 본성을 가진 인간은 항상 죄의 자리에 설
수 있습니다. 그러므로 기대하는 만큼 지속적인 즐거움을 누리지 못하는
것입니다. 그런 의미에서 떠나는 것만이 능사가 아닙니다. 그렇다고 아무
생각이 없거나 갈등하면서 교회에 남아 있는 것 역시 의미가 없습니다. 어
느 것 하나 쉽지 않은 것이 지금의 현실입니다.

그러나 분명한 것은 교회를 떠나야 한다는 생각이 사람들의 머리끝까지

---

53 최태선, 「지금은 정말 교회를 떠나야 할 때」
    http://www.newsnjoy.or.kr/news/articleView.html?idxno=204548
54 정재영, 129.
55 정재영, 138.

차 있다는 것입니다. 이제 문만 박차면 나가게 됩니다. 그리고 실제로 문 밖으로 나가 방황하고 있습니다. 이들이 바로 도피 성도입니다.

교회를 떠나서 거룩한 성령의 공동체를 만나는 것이 정말 쉽지 않습니다. 그래서 떠돌고 있는 것입니다. 안타깝게도 도피 성도의 생활이 길어지면 심각한 무기력증이 올 수 있습니다. 그리고 판단 능력이 무디어지면서 개인적 신앙이 아주 깊어지게 됩니다. 신앙의 영역에 있어서 철저하게 자기중심적이 된다는 것입니다. 그래서 자신의 입맛에 맞는 교회를 찾아다닙니다. 자신의 생각에 공감하여 줄 교회를 찾습니다. 자신의 신앙과 신학과 교회의 신앙고백이 중요한 것이 아니라 자신의 신앙을 유지하여 줄 교회만을 찾습니다. 어느 정도 이해가 됩니다. 그만큼 힘들다는 반증이기 때문입니다. 하지만 옳은 것은 아닙니다.

이렇게 자신의 입맛에 맞는 교회, 목사, 환경을 찾는 신앙은 자기 소견에 옳은 대로 사는 시대에 존재합니다. 이것을 역사의 현장에서 살펴보고자 합니다. 가나안을 정복한 후에 여호수아는 각 지파별로 땅을 배분합니다. 그러나 여호수아와 함께한 세대 이후의 세대는 하나님의 법을 따르지 않습니다. 그래서 하나님은 사사를 통하여 그의 백성을 인도하십니다. 그러한 시대에 있었던 참으로 슬픈 일을 봅니다. 바로 사욕을 위하여 개인 제사장을 둔 미가의 이야기입니다. 미가는 에브라임 사람입니다. 그는 효자였습니다. 그러나 자기 소견에 옳은 대로 행동하는 사람이었습니다. 그는 자신의 집에 산당을 지어 놓고, 제사장이 입는 옷과 도구를 소유하고 있었습니다. 그리고 자신의 아들 가운데 한 사람을 제사장으로 세웠습니다. 이것은 하나님의 법을 허무는 일입니다.

그 때에 유다 사람 레위 족속에 속하여 있는 소년 하나가 베들레헴을 떠나서 집을 찾고 있었습니다. 그러다가 에브라임 산지 미가의 집에 이르게 됩니다. 마침 미가는 레위 지파의 제사장을 원하였습니다. 이러한 상황이 되자 미가는 레위 소년을 자신의 개인 제사장으로 삼습니다. 그리고 하나님의 뜻과는 관계없이 스스로 복 받을 것이라는 자기 확신에 처하여 있는 것을 봅니다(삿 17장).

> "미가가 레위인을 거룩히 구별하매 소년이 미가의 제사장이
> 되어 그 집에 거한지라 이에 미가가 가로되 레위인이 내 제
> 사장이 되었으니 이제 여호와께서 내게 복 주실 줄을 아노라
> 하니라"_삿 17:12-13

"내 제사장"이라는 말에 귀를 기울여야 합니다. 제사장의 임무는 오직 백성을 대신하여 하나님께 예배를 드리는 것인데 한 사람 미가를 위한 제사장이 되었습니다. 그리고 생각하기를 하나님께서 복 주실 것이라고 김칫국만 마시는 형국입니다. 이것이 바로 자기 소견에 옳은 대로 살았던 시대의 풍경입니다.

사사 시대의 모습이 우리 시대와 많은 부분 겹쳐지는 것을 봅니다. 특별히 자신의 개인 제사장을 두고자 한 것처럼 자신의 개인 목사를 찾고 있습니다. 목사의 존재 이유가 오직 자신의 만족을 위한 도구입니다. 목사를 통하여 하나님의 부를 얻고자 합니다. 그래서 결코 아픈 이야기를 듣지 않습

니다. 하나님의 뜻을 구하지 않습니다. 오직 자신이 성공할 수 있는 길만을 알려달라고 요청합니다.

현재는 분명히 목사를 불신하는 시대입니다. 그러나 동시에 성도들은 자신에게 필요한 목사와 공동체를 찾고 있습니다. 당연한 귀결일지 모릅니다. 그래서 슬픈 얼굴이라 할 수 있습니다. 자신의 제사장을 세우고 좋아했던 것처럼 자신의 목사를 찾는 시대는 참으로 아픈 시대입니다. 그렇다고 절대 교회를 떠날 수 없다는 것이 아닙니다.

교회를 옮기는 기준은 목사와 공동체의 신학적인 문제와 윤리적인 문제입니다. 그 외에는 최대한 인내하고 함께 세워가야 합니다. 그러나 현실은 그렇지 않습니다. 자기 소견에 옳은 대로 행동합니다. 말과 행동이 다릅니다. 신앙이 있는 듯 말하다가도 실제로는 자기 소견에 옳은 대로 행동하는 이들이 얼마나 많은지 모릅니다.

이러한 모습은 목사를 향한 것에만 있지 않습니다. 교회를 결정하는 일에도 중요합니다. 이왕이면 다홍치마라는 말처럼 교회의 화려함과 시스템을 우선시합니다. 이것은 교회의 참 맛을 상실하는 것입니다. 더구나 시스템은 어느 정도의 규모가 있어야 작동합니다. 그래서 겉보기에 멋있게 보입니다. 하지만 교회는 세상 기업처럼 움직일 수 없습니다. 질서는 있지만 기계적이지 않습니다. 교회는 식구 공동체입니다. 식구는 질서와 인격으로 공존합니다. 그러므로 교회가 건강한지 알려면 성경에서 가르치는 대로 인격적인 나눔을 바르게 이행하고 있는지를 보아야 합니다. 하지만 자신의 기대치를 채워 줄 수 있는 시스템이 잘 갖춰진 교회를 찾는 것이 우리 시대의 특징입니다.

믿음은 자신의 입맛을 우선시하지 않습니다. 오직 삼위 하나님의 말씀이 기준입니다. 그 기준에 따라서 믿음으로 살아갑니다. 그리고 교회를 세웁니다. 하지만 상당수 도피 성도들은 기준이 항상 자신의 소견에 있습니다. 자신의 입맛에 있습니다. 그래서 한 교회에 정착하지 못함을 종종 봅니다. 이것이 도피 성도가 가져온 슬픔이자 가져올 아픔입니다.

5. 비이성적 신앙에 자신을 맡김

사람은 가장 이성적이면서 비이성적입니다. 역설적으로 들리는 이 말이 사실입니다. 상식적으로 생각할 때 어떤 사람에게는 이해할 수 없는 일이 다른 사람에게는 아무 문제가 되지 않습니다. 그래서 열 길 물속은 알아도 한 길 사람 속은 모른다는 속담이 있을 정도입니다. 다양한 모습으로 존재하는 것이 사람입니다.

오늘날 많은 사람이 생각하는 신앙은 어떤 모습일까요? 이성적일까요? 비이성적일까요? 지식적일까요? 감정적일까요? 신앙은 내가 쟁취하는 것일까요? 나의 의지와 상관없이 주어지는 선물일까요? 여전히 많이 논의되고 고민되는 부분입니다. 신앙에 대한 바른 이해가 얼마나 중요한지를 보여주는 현상입니다. 균형이 잡히지 않으면 매우 이상한 모습의 신앙이 나타나기 때문입니다.

신약성경에 의미 있는 이야기가 있습니다. 바로 빌립이 복음을 전하는 도중에 경험한 이야기입니다. 빌립이 사마리아 성에 복음을 전하러 갔습니다. 이곳저곳을 돌아다니며 복음의 비밀을 전하였습니다. 그러자 그곳에서 아주 유명한 마술사 시몬이 빌립을 찾아왔습니다. 그리고 자기에게 없는 것을 나타내고 있는 빌립을 따라다녔습니다. 시몬은 세례까지 받았습니다. 이러한 사마리아 소식이 예루살렘에 있는 사도들에게 들렸습니다. 그래서 그중 두 사람 베드로와 요한을 사마리아로 보냅니다. 베드로가 와서 안수하매 성령이 사마리아 성도들에게 임하였습니다. 이 장면을 본 시몬은 더욱 놀랐습니다. 그리고 은밀한 제안을 합니다.

> "시몬이 사도들의 안수함으로 성령 받는 것을 보고 돈을 드려 가로되 이 권능을 내게도 주어 누구든지 내가 안수하는 사람은 성령을 받게 하여 주소서 하니"_행 8:18-19

돈을 주고 권능을 사고 싶은 것입니다. 너무나 멋있게 보였기 때문입니다. 더구나 마술사로 사람을 속이면서 돈을 벌고 있었던 시몬에게는 성령의 역사로 사람들이 변하는 것이 너무나 신비하게 보였기 때문입니다. 그래서 돈을 주고라도 권능을 사고 싶은 것입니다. 재리에 밝은 시몬의 모습입니다. 그는 세례를 받았지만 참된 회심이 없었기에 육체의 욕심을 따른 것입니다. 그리고 신비한 체험에 매료된 것입니다. 그러자 사도들이 시몬에게 따끔한 충고를 합니다.

"베드로가 가로되 네가 하나님의 선물을 돈 주고 살 줄로 생
각하였으니 네 은과 네가 함께 망할지어다 하나님 앞에서 네
마음이 바르지 못하니 이 도에는 네가 관계도 없고 분깃 될
것도 없느니라 그러므로 너의 이 악함을 회개하고 주께 기도
하라 혹 마음에 품은 것을 사하여 주시리라 내가 보니 너는
악독이 가득하며 불의에 매인바 되었도다" _행 8:20-23

하나님의 선물을 돈으로 주고 살 수 없다고 말씀합니다. 그러면 돈과 함
께 망할 것이라고 선포합니다. 돈이면 무엇이든지 다 될 수 있다는 생각을
가진 이들에게 주어진 말씀입니다. 사도의 눈에 비친 시몬은 악독이 가득
하였습니다. 회개하지 않으면 그 어떤 분깃도 없이 망할 것입니다. 열심히
교회 다녔는데 마침내 지옥으로 떨어지는 존재가 된다는 것입니다.

우리의 신앙이 자주 시몬의 모습을 보여주고 있습니다. 하나님의 은혜에
사로잡혀 살아야 하는데 보이는 이적과 표적에 마음을 둡니다. 예수님은
오병이어의 이적을 보고 따라왔던 많은 사람들을 책망하셨습니다. 그러자
많은 사람들이 예수님을 떠났습니다. 신앙은 이적과 표적으로 세워지지 않
습니다.

그런데 놀랍게도 오늘날 여전히 이러한 바람들이 거세게 불어서 인격적
변화는 없고 신비 체험만 있는 성도들을 양산하는 것을 볼 수 있습니다. 신
앙은 전적으로 하나님의 은혜를 깊이 아는 일입니다. 그래서 하나님을 아
는 지식에서 자라 가라고 하는 것입니다(벧후 3:18). 힘써 여호와를 알라
고 말합니다. 하나님을 알 때 인격적이고 균형 잡힌 신앙을 가질 수 있습니

다. 많은 사람들이 하나님을 아는 지식 없이 하늘의 보화를 얻으려고 합니다. 그래서 큰 실수를 하는 것을 봅니다.

도피 성도들 상당수는 교회를 통하여 받은 상처를 하나님을 아는 지식 가운데서 회복하는 것이 아니라 신비적인 가르침과 체험으로 빨려 들어가는 것을 봅니다. 그리하여 각종 이단들과 신비주의 단체들이 극성을 부리고 성장하고 있습니다. 신사도운동을 비롯한 비이성적 운동을 이단들이 빨리 흡수하고 기성 교회에서 상처받은 성도들을 청소기처럼 빨아들이고 있습니다.

신앙은 지식이 아니라는 반지성적인 신앙은 결국 신비주의로 이탈하는 경우가 다반사입니다. 하지만 신앙은 철저하게 이성적이면서 감성적입니다. 하나님께서 설교를 통하여 사람을 변화시킵니다. 그리고 말씀을 누구나 보고 읽을 수 있도록 책으로 주셨습니다. 이 모든 것이 하나님이 우리를 어떻게 대우하고 있는지를 보여줍니다.

그리스도인은 책의 사람이며, 인격적이고 균형 잡힌 신앙을 소유한 사람입니다. 그래서 바울은 말하기를, 하나님께서 우리에게 은혜를 주신 것은 그를 믿을 뿐 아니라 고난도 받게 하려 하심이라고 하였습니다. 고난이 있는 것은 인격적인 존재이기에 그렇습니다. 로봇에게는 고난이 없습니다. 고난을 알 수 없기 때문입니다. 그러나 사람은 철저하게 고난을 인식합니다. 인격적인 존재이기 때문입니다.

이러한 이해를 잘 가지고 있어야 합니다. 그래야 비이성적인 신앙의 유혹에 빠지지 않기 때문입니다. 물론 우리의 신앙이 전부 이성적이라고 말할 수 없습니다. 적어도 이 땅에서는 믿음의 영역이 존재합니다. 그러나 믿음이 이성을 배제한 신앙은 아닙니다. 우리의 신앙의 대부분은 삼위 하나님을 알아가는 일입니다. 그 일은 단회적이지 않습니다. 회심은 단회적이지만 하나님을 알아가는 일은 평생입니다.

그런데 도피 성도가 되면 이 아름다운 신앙에 금이 가고 유혹에 빠지는 것을 봅니다. 그것이 슬픔입니다. 도피 성도의 자리에서 벗어나야 하는 이유가 여기에 있습니다.

6. 지상 명령이 위축됨

주님께서 제자들의 신앙고백을 들으시고 교회를 세울 것을 명령하셨습니다. 주님은 제자들의 믿음 위에 자신의 교회가 세워지기를 기뻐하셨습니다. 그 이유는 교회는 그리스도의 몸이고 그리스도는 교회의 머리이기 때문입니다. 그러므로 제자들의 사명은 교회를 세우는 것입니다. 땅 끝까지 이르러 주님의 교회를 세우는 것입니다.

오순절 성령 강림은 바로 신약 교회가 시작되는 역사적인 변곡점입니다. 제자들은 이미 승천하시기 전에 예수님으로부터 하나님 나라와 교회에 대하여 다시금 가르침을 받았습니다. 그리고 땅 끝까지 이르러 그리스도의 증인이 될 것을 명령받았습니다.

> "해 받으신 후에 또한 저희에게 확실한 많은 증거로 친히 사
> 심을 나타내사 사십 일 동안 저희에게 보이시며 하나님 나라
> 의 일을 말씀하시니라 사도와 같이 모이사 저희에게 분부하
> 여 가라사대 예루살렘을 떠나지 말고 내게 들은바 아버지의
> 약속하신 것을 기다리라 요한은 물로 세례를 베풀었으나 너
> 희는 몇 날이 못되어 성령으로 세례를 받으리라 하셨느니라
> 저희가 모였을 때에 예수께 묻자와 가로되 주께서 이스라엘
> 나라를 회복하심이 이때니이까 하니 가라사대 때와 기한은
> 아버지께서 자기의 권한에 두셨으니 너희의 알 바 아니요 오
> 직 성령이 너희에게 임하시면 너희가 권능을 받고 예루살렘
> 과 온 유대와 사마리아와 땅 끝까지 이르러 내 증인이 되리
> 라 하시니라" _행 1:3-8

이 놀라운 명령과 약속은 오순절 성령 강림으로 말미암아 확정되었습니다. 제자들은 성령의 능력을 입자 담대하게 복음을 전하였습니다. 죽음을 각오하였습니다. 예수님을 부인하며 도망쳤던 베드로가 사람들 앞에서 예수님을 담대하게 증언하였습니다.

> "그들을 불러 경계하여 도무지 예수의 이름으로 말하지도 말
> 고 가르치지도 말라 하니 베드로와 요한이 대답하여 가로되
> 하나님 앞에서 너희 말 듣는 것이 하나님 말씀 듣는 것보다
> 옳은가 판단하라 우리는 보고 들은 것을 말하지 아니할 수

없다 하니 관원들이 백성을 인하여 저희를 어떻게 벌할 도리를 찾지 못하고 다시 위협하여 놓아 주었으니" _행 4:18-20

담대하게 복음을 전한 사도들이 한 일은 예루살렘 교회를 세우는 것이었습니다. 사도들은 예수님의 말씀에 따라 그의 몸인 교회를 세웠습니다. 그리고 교회를 통하여 복음을 전하였습니다. 그러자 복음이 유대를 넘어 사마리아 지방까지 흘러갔습니다. 천대시하였던 사마리아에 복음의 열매가 맺어진 것입니다. 이러한 복음의 역사는 순교자를 낳게 하였지만 교회는 계속하여 확장되었습니다.

이에 주님은 한 사람 바울을 부르십니다. 그리고 그를 이방의 사도로 임명하십니다. 베드로가 유대를 위한 사도였다면 바울은 이방인을 위한 사도가 되었습니다. 그리고 이스라엘을 넘어서 마게도냐와 소아시아 그리고 로마에 이르기까지 복음을 전합니다. 복음이 증거되는 곳에 교회가 세워집니다. 빌립보 교회, 고린도 교회, 갈라디아 교회, 에베소 교회, 데살로니가 교회, 로마 교회, 골로새 교회 등 바울은 가는 곳마다 교회를 세웠습니다. 복음의 열매는 교회입니다. 교회를 통하여 구원을 이루게 하셨습니다. 주님의 명령은 땅 끝까지 이르러 주님의 교회를 세우는 일입니다.

이러한 주님의 명령은 성경의 시대를 끝내고 교회의 시대를 열었고 로마를 지나 유럽으로, 아메리카로, 아시아로, 아프리카로 전파되었습니다. 교회는 초대 교회의 모습과 동일하게 초기에 많은 순교자를 배출하였습니다. 그러나 교회는 계속하여 확장되었습니다. 그것이 하나님의 뜻이기 때문입니다. 그러기에 사단은 끊임없이 교회가 세워지는 것을 방해합니다. 교회가 세워지지 않도록 방해합니다. 하지만 교회는 여전히 확장되고 있습니다. 이것이 하나님의 뜻이기 때문입니다.

그런 의미에서 도피 성도는 교회를 세우는 일에 소외될 수밖에 없습니다. 더구나 가나안 성도라는 말은 교회를 오해한 용어입니다. 지상의 교회가 완전하지 않지만 주님이 세우신 유일한 기관입니다. 앞서 강조했듯이 주님은 교회를 자신의 몸이라 하시고 교회를 통하여 하나님 나라가 확장되게 하셨습니다. 그러므로 교회로 모이는 일은 매우 중요하고 교회를 세우는 것은 땅 끝까지 이르러 내 증인이 되라는 말씀에 순종하는 일입니다.

성경은 순종이 제사보다 낫다고 말씀합니다. 아무리 대단한 지식과 경험이 있다 하더라도 말씀에 순종하지 않는다면 다 무익한 것입니다. 우리 시대는 지식과 정보가 홍수처럼 많습니다. 그래서 자기 소견에 옳은 대로 행동합니다. 하지만 하나님의 말씀에 순종하지 않으면 다 무익합니다. 바울은 이 사실을 잘 알았기에 자신의 학문을 배설물로 여겼습니다. 학문을 자신을 위하여 사용하지 않고 하나님과 그의 교회를 위하여 사용하기로 작정하였습니다. 이것이 거듭난 성도의 모습입니다.

하지만 도피 성도는 교회를 세우고 하나님 나라를 확장하는 일에 도움이 되지 않습니다. 자신의 의는 드러낼 수 있으나 교회를 세우지 못합니다. 성도는 교회에 소속되어야 합니다. 그것이 합당한 것입니다. 자신의 입맛에 합당한 교회를 찾는 것이 아니라 성경이 말하는 건강한 교회를 찾거나 만들어야 합니다. 그것이 그리스도의 몸의 지체들의 할 일입니다. 교회를 비판하는 자리에 오랫동안 머물지 말고 건강한 교회를 만들어야 합니다. 그렇게 하다가 순교를 당하면 가장 복된 일입니다. 지금은 건강한 교회, 참된 교회를 위하여 목숨을 바쳐야 할 때이지 교회를 허물어서는 안 됩니다. 주님은 교회를 향하여 끝까지 함께 하신다고 말씀하셨습니다.

> "내가 너희에게 분부한 모든 것을 가르쳐 지키게 하라 볼지
> 어다 내가 세상 끝날까지 너희와 항상 함께 있으리라 하시니
> 라" _마 28:20

교회를 향한 주님의 약속을 기억해야 합니다. 도피 성도로서는 주님의 명령을 감당하기가 어렵습니다. 잠시 할 수는 있으나 지속적이지 못합니다. 그리고 영적인 피폐함과 우울함이 반복될 것입니다. 하나님께서 교회를 허락하신 분명한 이유는 우리의 영적인 본성을 잘 아시기 때문입니다. 그러므로 도피 성도로 산다는 것은 가장 슬픈 일입니다. 교회도 슬프고, 개인도 슬픈 일입니다. 하나님이 주신 지상 명령은 땅 끝까지 이르러 교회를 세우는 일입니다. 우리가 감당해야 할 삶의 이유입니다.

7. 열광과 식어짐의 반복됨

도피 성도에게 다가올 슬픔은 열광과 식어짐이 반복된다는 것입니다. 교회에 속하지 않고 떠도는 이들에게 나타나는 가장 큰 아픔은 자신의 자리를 찾지 못한다는 것입니다. 특별히 이들에게서 나타나는 특징은 새로운

교회에 대한 열광입니다. 한 번의 설교를 듣고 열광합니다. 진리가 여기 있다고 말합니다. 그러다 보니 새롭게 교회 운동을 하는 사람들이 신선하게 느껴집니다. 설교, 행정 등에서 전통적 교회와 다른 모습에 환호합니다.

그러나 얼마 지나지 않아 식상하다며 떠납니다. 자신의 영적인 문제에는 관심이 없고 오직 새로움과 경이로움을 찾았기 때문입니다. 새로운 것이 멋있게 보일 수 있습니다. 더구나 목사 중심의 교회에서 성도 중심의 교회로의 전환이라는 것이 얼마나 멋져 보입니까? 어떤 이는 목사는 더이상 설교를 강조하지 말고 오히려 설교를 줄이고 성도들을 돌보는 일에 집중하여야 한다고 말합니다. 설교가 사람을 변화시키지 않는다고 생각하기 때문입니다. 이런 사람들은 기도만 강조하거나 교육만 강조합니다. 매우 시대에 맞는 말이지만 성경의 가르침과는 멀어져 있습니다. 하지만 성도들은 이러한 말을 신선하게 듣습니다.

사실 도피 성도는 포스트모던 사회가 낳은 자식이라 할 수 있습니다. 이들은 전통을 해체하고 새로운 질서를 만들어야 한다는 사상을 가지고 있습니다. 근대가 만들어 놓은 모든 체제를 해체할 때 창조적인 세상이 온다고 말합니다. 그래서 근대가 낳은 각종 권위를 무시합니다. 권위, 가족, 역사, 성, 종교 등입니다. 포스트모던 사회는 신은 인정하지만 절대신은 인정하지 않습니다. 그리고 종교적 권위 체제를 부정합니다. 모든 권위를 근대의 산물로, 그래서 해체해야 할 대상들로 봅니다.

이러한 시대에서는 교회의 권위, 목사의 권위는 존중받아야 할 것이 아니라 없어져야 할 것입니다. 그러니 목사의 설교와 교회가 집행하는 성례와 각종 교육은 중요한 것으로 여겨지지 않습니다. 이러한 시대에 새로운 교회 운동은 청량음료와 같은 것입니다. 기존의 것과 갈등하는 세대가 새로운 교회에 눈이 번쩍 뜨인 것입니다. 대표적인 교회 운동은 이머징교회입니다. 감정적이고 체험적이며 시각적인 교회 운동입니다. 교리와 설교에 강조점을 두지 않습니다. 활력 있는 예배를 강조합니다. 그래서 예배가 하나의 극장 쇼 같습니다.

하지만 새로운 것이 다 좋은 것은 아닙니다. 교회의 현실과 교리와 공동체의 깊은 숙고가 없는 변화는 자칫 교회를 혼란시킬 수 있습니다. 왜냐하면 전통적인 교회의 정치가 잘못된 것이 아니기 때문 입니다. 그것을 운영하는 주체들의 무지와 불의로 인하여 잘못을 발생시킨 것이기 때문입니다.

그래서 우리가 새로운 교회 운동에 대하여 관심을 가지면서 동시에 성경이 말하는 교회의 모습을 살펴보고 교회의 역사를 통하여 남겨 놓은 유산을 통하여 교회의 본질을 회복하여야 합니다. 교회의 역사는 본질적인 것에 일치를 강조하였지만 비본질적인 것에는 자유함을 주었습니다. 문제는 자유함이 본질을 넘어서는 일이 일어나는 것입니다. 교회를 건강하게 세우고자 열망한다면 여기에 참으로 유념해야 합니다.

지금 한국 교회는 본질적인 것에 좀 더 집중해야 합니다. 그리고 교회의 본질이 훼손당하지 않은 채 비본질을 누려야 합니다. 그래야 교회가 건강하게 세워지는 것입니다. 설교와 기도와 성례를 통한 회심과 성화에 대한 집중이 약해지면 건강한 교회는 존재할 수 없습니다. 외양간만 고치다가 송아지를 죽이는 일을 해서는 안 됩니다. 그러므로 흥분시킨다고 정신 줄을 놓으면 안 되고 본질에 충실하면서 비본질에 정직한 교회를 세워야 합니다.

그리고 반드시 기억할 것이 한 가지 있습니다. 그것은 인간의 죄악성입니다. 교회는 죄인이 모여 의인으로 거듭나는 곳입니다. 그리고 여전히 죄된 육신을 입고 있기에 끊임없이 죄와 싸워야 합니다. 우리는 철저하게 타락한 죄인입니다. 우리 스스로 어떠한 영적인 선도 행할 수 없는 죄인입니다. 그리고 그러한 인간들이 모여 공동체성을 이루는 곳이 바로 교회입니다. 그런 의미에서 지상의 교회는 다 불완전합니다. 죄인들이 모인 교회입니다. 완벽한 교회는 없습니다. 다 부족합니다. 새로운 모습을 가지고 있다 하지만 여전히 죄인들이 모인 교회입니다. 그러기에 성경이 말하는 교회의 모습을 충실하게 세워야 합니다. 선배들이 남겨 준 말씀처럼 개혁된 교회는 계속하여 개혁되어야 합니다.

지상의 교회가 완벽하지 않다는 의식을 가지고 거룩한 교회를 세우기 위한 준비를 잘 감당하여야 합니다. 타락한 교회로 떨어지지 않게 하기 위하여 부단한 노력을 아끼지 말아야 합니다. 때로는 세상이 주는 모든 명예를 포기할 수 있어야 합니다. 그렇게 교회를 세우는 일이 중요합니다.

물론 때로는 타락한 교회에서 떠나 덜 타락한 교회로 옮기는 것이 합당하다고 생각합니다. 하지만 그렇게 하려면 철저한 기준이 있어야 합니다. 그렇지 않으면 도피 성도가 될 수 있기 때문입니다.

지상의 모든 교회가 불완전하기에 성도는 철저하게 은혜의 수단을 통하

여 자신의 신앙을 잘 지켜야 합니다. 그렇지 않고 교회를 등진다면 도피 성
도라는 슬픔에 처하게 됩니다. 교회로부터 도피한 성도라도 성경적인 가르
침과 교회사의 가르침에 열심 있는 교회를 만날 때 교회 공동체의 일원으
로 돌아올 수 있습니다. 하지만 도피 성도의 상태에서 벗어나지 않으면 계
속하여 온탕과 냉탕을 왔다 갔다 하는 신세가 됩니다. 한순간에 열광하다
가 순식간에 식기를 반복합니다. 이 일을 빨리 멈추지 않으면 냉소주의나
허무주의자가 됩니다. 그리고 모든 교회가 다 썩었다는 자조적인 이야기를
하고, 거듭난 성도일 경우 급기야 교회를 오랫동안 등지게 됩니다. 결국 영
적인 만족과 기쁨을 누리지 못합니다. 이것이 슬픔입니다.

8. 교회의 영향력이 빈약해짐

도피 성도는 교회의 슬픔입니다. 교회의 기쁨은 건강한 공동체를 기반으
로 합니다. 교회 자체가 세상으로부터 불러 모인 자들의 모임이기 때문입
니다. 교회는 세상의 방식이 아니라 하늘의 방식으로 살겠다는 고백을 가
진 이들의 공동체입니다. 그래서 교회는 교제(코이노니아)가 한 축을 감당
하고 있습니다. 나눔이 없는 교회는 부실 시공한 다리와 같습니다. 처음에
는 별 이상 없이 견디지만 얼마 지나지 않아 균열이 생기고 무너지는 참사
를 당하게 됩니다. 그래서 건강한 교회는 나눔이 풍성합니다. 특별히 영적
인 나눔은 생명과도 같습니다. 이러한 나눔은 교회에 활력을 주고 웃음을

주고 능력을 줍니다. 교회가 기쁠 때 영향력은 배가 됩니다. 어두움이 가득하게 깔려 있는 교회에 무슨 능력이 있겠습니까? 싸움이 있는 교회에 무슨 영향력이 있겠습니까? 서로 미워하고 욕하고 시기하고, 삿대질하고 저주의 말을 퍼붓는데 무슨 영광이 있겠습니까? 이런 교회는 도피 성도를 양성하는 훈련소와 같습니다.

도피 성도가 있다는 것은 교회가 제 기능을 감당하고 있지 않음을 시사합니다. 그래서 교회를 불신합니다. 교회가 하는 일에 대한 부정적인 생각은 상당수 진위를 파악하지 않은 것이 있지만 그럼에도 불구하고 그러한 빌미를 제공한 교회의 책임은 피할 수 없습니다. 더구나 도피 성도들은 교회를 부정적으로 보고 있기 때문에 교회가 가지고 있는 거룩한 사명이 차질을 빚게 됩니다.

교회는 그리스도의 몸입니다. 교회의 머리는 그리스도입니다. 이렇게 존귀하고 거룩한 교회가 힘을 쓰지 못합니다. 안팎으로 공격을 받고 있기 때문입니다. 세상은 도피 성도들의 아픔과 고민을 바른 지식으로 분별하지 않습니다. 이들이 교회를 떠나온 그 자체만 봅니다. 그리고 싸잡아 교회를 흔들어 댑니다. 이것이 도피 성도가 가져 온 슬픔입니다.

교회는 예수님의 소유입니다. 믿음 위에 내 교회를 세우겠다고 하셨습니다. 그래서 제자들을 부르시고 사도로 삼아서 땅 끝까지 복음을 전하게 하였습니다. 이들이 한 일은 전도의 미련한 것을 통하여 교회를 세우는 일이었습니다. 자신의 목숨이 붙어 있는 한 교회를 세우는 일에 전심하였습니다. 교회를 세우다 감옥에 갇혔고 순교를 당하였습니다. 사도들의 뒤를 이어서 속사도들이 한 일이 역시 교회를 세우는 일이었습니다. 그래서 교회의 역사라고 말하고 하나님 나라는 교회를 통하여 이루어진다고 하는 것입니다.

교회를 세우기 위함

주께서 우리를 부르시고 자녀를 삼으신 이유는 바로 교회를 세우기 위함입니다. 그런 의미에서 우리의 본질적인 사명은 교회 세우기입니다. 교회가 바로 세워지면 하나님의 나라가 확장되는 것입니다. 그리고 마침내 영광의 날이 올 것입니다. 이 모든 것이 교회를 통하여 나타납니다. 이 땅의 모든 사람들은 교회를 통하여 하나님을 만나고 구원에 이릅니다. 또한 예수님은 모든 성도들은 소금과 빛의 사명을 감당할 것을 말씀하셨습니다. 빛과 소금의 삶은 착한 행실의 모습에서 실천적으로 나타납니다. 그리고 이러한 모습으로 통하여 사람들이 하나님께 영광을 돌리게 할 것을 명령하셨습니다. 그런데 빛과 소금의 삶의 시작은 교회입니다. 다른 곳이 아닙니다. 교회입니다. 그러기에 교회가 조금은 힘들고 속상함이 있어도 교회를 떠나서는 안 됩니다.

교회로부터 도피하는 성도가 되는 것은 교회를 슬프게 하며, 교회로 하여금 세상에서 하나님의 선하심을 드러내는 일을 약화시킵니다. 착한 행실을 통하여 사람들로 하여금 하나님께 영광을 돌리게 하는 열심을 흔들어 놓습니다. 그래서 도피 성도는 교회에 큰 슬픔이 되는 것입니다. 더구나 교회가 세워지는 것을 더디게 하기 때문입니다. 물론 교회가 무너지는 것은 아닙니다. 교회는 그리스도의 몸이기 때문에 무너지지 않습니다. 혹 한국 교회가 무너진다고 말할 수 있겠지만 주님의 교회는 결코 무너지지 않습니다. 하지만 도피 성도는 흥왕하여야 할 교회로 하여금 어두운 터널을 지나가게 합니다. 그래서 슬픈 일입니다.

세상이 주목하는 교회

세상은 교회를 주목합니다. 그것은 교회가 온 세상의 표지판이기 때문입니다. 어디서 왔으며 어디에 있으며 어디로 가야 할지를 알려주는 표지판입니다. 그러므로 사람들은 교회를 통하여 구원을 얻고 영광에 이르게 되면 참된 위로와 안정을 찾습니다. 교회는 단지 사람들의 모임으로 끝나지 않습니다. 하나님 나라의 모습을 보여줍니다.

여기서 기억하여야 할 것은 사람은 연약한 영적 존재라는 사실입니다. 그래서 하나님이 없이 참된 만족과 평안을 누릴 수 없습니다. 하나님이 없이는 오직 땅만 바라보다가 슬피 울며 이를 가는 사람들입니다. 그런 의미에서 교회는 연약한 사람들의 영적인 방파제이며 영적인 안식처입니다. 세상에서의 영적인 전투에서 지친 영혼을 쉬게 해 주는 피난처이며 오두막과 같습니다. 교회를 통하여 다시금 힘을 얻고 하나님의 나라와 영광을 위하여 살아갑니다. 이것이 교회의 모습입니다. 이러면 사람들은 교회를 소중하게 생각합니다.

그런데 교회를 통하여 이런 즐거움을 누리고 기쁨을 알려 주어야 할 성도들이 길거리로 나가면 어떻게 되겠습니까? 집에 있어야 할 사람들이 가출하여서 이리저리 헤매고 있다고 생각해 보시기 바랍니다. 그 집안을 어떻게 보겠습니까? 참으로 불쌍한 눈으로 보지 않겠습니까? 교회도 다 똑같다고 말하지 않겠습니까? 결국 사람의 심령에서 교회는 점점 멀어지고 말 것입니다. 교회가 주는 위로를 받을 수 없고, 안식을 누릴 수 없습니다. 그렇게 되면 세상은 점점 황폐화됩니다. 보이는 것에 더욱 집착하기 때문입니다. 돈과 권력과 쾌락에 집착합니다. 거기에서 위로와 만족을 얻으려고 합니다. 하지만 칼빈이 말하였듯이 사람은 하나님을 알지 않고서는 결코 참된 만족을 누릴 수 없습니다.

도피 성도가 나오면 교회는 힘을 잃습니다. 영적으로 방황하면서 교회를 등지고 있다면 세상 사람들은 교회를 가볍게 여길 것입니다. 얼마나 가슴 아픈 일입니까? 결국 세상은 참된 표지판을 신뢰하지 못한 채 가속적으로 방황을 할 것입니다. 도피 성도 자체로 끝나는 것이 아니라 그리스도의 몸을 왜소하게 만드는 일을 하는 것입니다. 그리스도를 바라보지 못하게 합니다. 신뢰가 무너진 교회는 영적인 왜소화가 진행될 수밖에 없습니다. 그러면 아시아의 일곱 교회처럼 교회당 터만 남게 됩니다. 그 시작이 바로 도피 성도의 출현에서 감지되는 것입니다. 그래서 너희 처음 사랑을 기억하라고 외치는 것입니다(계 2:4-5).

도피 성도는 교회가 가지고 있는 영향력을 빈약하게 만들어 버립니다. 그래서 교회의 영적인 신뢰를 외면하게 합니다. 구원의 복된 길로서의 교회를 의심하게 합니다. 이것은 모두의 아픔입니다. 그러나 교회는 이러한 고통스러운 아픔에서 반드시 벗어나야 합니다. 그리고 다시금 구원의 등대로서 빛을 비춰야 합니다. 이것이 교회가 감당하고 거듭난 성도들이 져야 할 십자가입니다.

한국 교회의 각 교단들은 지속적으로 교인 숫자와 교회 숫자가 줄어들고 있다고 보고합니다. 이것은 일시적인 현상이 아닙니다. 앞으로 더욱 가속화될 것입니다. 그리고 도피 성도는 더욱 양산될 것입니다. 한국 교회의 미래는 그리 밝지 않습니다. 영향력이 사라진 교회에 도피 성도들이 소리칠 것입니다. 교회의 내일이 그리 밝지 않은 이유입니다. 이것이 큰 슬픔입니다. 이미 가까이 왔고 앞으로 눈앞에 펼쳐질 아픔입니다. 우리가 만나게 될 모습입니다. 오! 주님 긍휼히 여겨 주소서.

2부

도피성도의 회복

9장 도피 성도를 회복케 하는 교회의 준비

교회로부터 도피하는 그리스도인들을 다시금 교회로 돌아오게 하여 그리스도의 몸을 세우는 일에 동참하게 하는 일이 무엇보다 중요합니다. 교회가 무너지는 것은 사단에게 즐거움만 줄 뿐입니다. 그러므로 이 일에 힘을 써야 합니다. 앞서서 우리는 성도가 교회로부터 도피하는 이유를 살펴보았습니다. 우리의 내부를 보여주는 것이어서 아프지만 그러나 바른 진단이 없으면 회복도 없습니다.[56] 이제 교회를 다시 세우는 그리스도인을 위하여 단단히 준비하여야 합니다. 그렇지 않으면 계속하여 교회로부터 도피하는 성도들을 막지 못할 것입니다.

그러므로 이 장으로부터 교회를 다시 세우는 그리스도인을 위하여 어떠한 준비가 필요한지를 생각하고자 합니다. 첫째는 교회의 준비입니다. 둘

---

56 교회의 회복에 대한 진단과 처방에 관한 글은 졸저 『바름에서 바름으로』에서 자세하게 논의하였습니다.

째는 목사의 준비입니다. 셋째 성도의 준비입니다. 진단에 근거하여 정직한 처방을 함께 나누고자 합니다.

교회가 복된 이유는 예수님께서 교회를 통하여 구원을 선포하셨기 때문입니다. 그래서 사도들은 가는 곳마다 교회를 세웠습니다. 오늘도 세계 곳곳에 교회가 세워지는 것은 바로 예수님의 명령을 순종하는 것입니다. 교회는 사람이 세운 것이 아닙니다. 예수님이 세우셨습니다. 예수님은 판(Pan) 신 숭배로 가득 차 있는 우상의 도시인 가이사랴 빌립보에서 제자들의 신앙고백을 확인합니다. 그리고 그 고백 위에 놀라운 선언을 합니다. 바로 자신의 교회를 세우겠다는 말씀입니다.

> "가라사대 너희는 나를 누구라 하느냐 시몬 베드로가 대답하
> 여 가로되 주는 그리스도시요 살아 계신 하나님의 아들이시
> 니이다 예수께서 대답하여 가라사대 바요나 시몬아 네가 복
> 이 있도다 이를 네게 알게 한 이는 혈육이 아니요 하늘에 계
> 신 내 아버지시니라 또 내가 네게 이르노니 너는 베드로라
> 내가 이 반석 위에 내 교회를 세우리니 음부의 권세가 이기
> 지 못하리라" _마 16:15-18

예수님의 선언은 매우 충격적입니다. 3년의 공생애를 함께하면서 많은 일을 하셨습니다. 그리고 이제 공생애의 마지막을 보내면서 제자들의 신앙을 점검하십니다. 바른 신앙고백이 없다면 아무 소용이 없기 때문입니다. 신앙고백이 없는 것은 구원의 자리에서 떨어지는 것입니다. 그러나 신앙고백이 분명하면 그에 걸맞은 사명이 주어집니다.

제자들의 고백에 예수님은 행복해하십니다. 그러면서 이 모든 것이 하나님의 선물이라고 말씀하십니다. 하나님께서 제자들을 복된 자리로 인도하여 주셨다는 의미입니다. 이러한 신앙고백으로 제자들은 새로운 삶으로 인도받게 됩니다. 그것이 바로 "교회 세움"입니다. 예수님은 제자들의 신앙고백을 들은 후에 제자들에게 새로운 선물을 주십니다. 바로 교회를 세우신다는 것입니다. 그 교회는 반석 위에 세워집니다. 반석은 믿음을 의미합니다. 바른 신앙고백을 말합니다. 이 신앙고백 위에 주님의 교회를 세우는 것입니다. 그리고 그러한 교회는 어떠한 세력에 의하여 무너지지 않을 것이라고 선언합니다. 이 선언은 지금까지 이어지고 있습니다.

초대 교회가 존재하였다가 사라졌지만 여전히 주님의 교회는 흩어져 세워지고 있습니다. 참으로 놀라운 일이 아닐 수 없습니다. 시공간을 뛰어 넘어 주님의 교회는 여전히 존재하고 있습니다. 이러한 주님의 가르침에 근거하여 오늘도 참된 교회가 세워져야 합니다. 이것이 이 시대의 도피 성도들의 회복을 위한 참된 길이기 때문입니다.

그렇다면 어떠한 교회로 세워져야 할까? 참된 교회, 건강한 교회는 스스로 세워지지 않습니다. 더구나 시대의 유혹 속에서 참된 교회를 세우는 것은 쉽지 않습니다. 여기에는 단단한 준비가 필요합니다.

1. 성경적 세계관이 분명한 교회

도피 성도들이 속상해하는 것은 교회가 균형을 잃고 그래서 이리저리 휩쓸리고 있는 것입니다. 교회를 통하여 균형 잡힌 삶을 살고자 하였는데 오히려 혼란스러움을 경험하는 것입니다. 그래서 신뢰가 가지 않는다고 아우성치는 것입니다. 한국 교회는 지독한 이원론에 빠져 여전히 성속을 구분하는 신앙을 가지고 있습니다. 그래서 세상에서는 어떻게 살아도 자기 교회에서만 거룩하고 흠이 없으면 된다는 생각에 사로잡혀 있습니다.

이러한 모습은 대중매체에 나타나는 고위공직자들에게서 잘 나타납니다. 교회에서는 헌신과 봉사가 투철하여 존경받는데 교회 밖에서는 부정과 거짓말이 자연스러운 것을 봅니다. 여전히 예수 믿고 복 받는 신앙에 집착하고 있는 모습입니다. 어떻게 해서라도 성공만 하면 존경하는 태도가 한국 교회에 만연되어 있습니다. 고3 시절 예배는 아예 드리지 않은 학생이 입시에서 좋은 성적을 얻으면 모든 것이 용서받습니다. 오히려 칭찬받는 것을 봅니다. 그러나 하나님 앞에 바르게 신앙생활 하던 학생이 대학에 떨어지거나 낮은 점수를 받으면 그의 신앙과 상관 없이 무시당하는 모습을 봅니다. 철저하게 기복주의와 이원론에 빠져 있는 신앙입니다.

이렇게 균형이 무너진 교회는 오래 견딜 수 없습니다. 기윤실의 신뢰도 조사에서 기독교를 신뢰하지 않는 이유 가운데 가장 많은 것이 언행일치가 되지 않아서(24.8%), 그리고 두 번째가 교회 내부적 비리와 부정부패가 많아서(21.4%)입니다.[57] 이러한 조사는 한국 교회가 여전히 이원론적 신앙에 머물러 있음을 보여줍니다. 사물이 균형을 잃으면 추락하게 되어 있듯이 균형을 상실한 교회는 결국 추락하고 마는 것입니다. 각종 이단 세력과 안티 기독교의 전투적 공격을 이기려면 균형은 필수적입니다.

신학적인 균형

우선 교회가 가지고 있는 신학적인 균형을 보여주어야 합니다. 교회는 말씀선포(케리그마)와 교육(디다케) 그리고 교제(코이노니아)의 균형이 있어야 합니다. 그리고 이러한 균형을 가지고 봉사(디아코니아)를 실행하여야 합니다. 그런데 상당수의 한국 교회는 우려스럽게도 균형을 중요하게 여기는 것이 아니라 교회 성장이라는 목적을 달성하고자 서두르고 있는 것입니다.

이 서두름의 부작용이 바로 직분을 세우는 데서 나타나고 있습니다. 많은 교회는 직분자를 쉽게 양산하고 있습니다. 그 가운데 하나가 서리집사 제도입니다. 철저한 체면 문화가 있는 한국 사회에 잘 들어맞는 일입니다. 그 사람의 신앙을 확인하기도 전에 신앙 연수에 따라서 직분을 주는 것입니다. 직분자를 세워야 봉사를 하고 교회를 떠나지 않는다는 현실적 처세주의의 관점이 작용하고 있습니다. 그러니 균형 있는 신앙인이 되기도 전

---

57 기윤실 블로그, "2013년 한국교회의 사회적 신뢰도 여론조사 결과 발표 세미나 후기 및 자료집", http://trusti.tistory.com/938

에 직분자가 되는 우려스러운 일이 반복되고 있습니다.

또한 직분자를 세울 때의 못된 관습이 지나친 헌금 강요입니다. 자발적이라고 항변하지만 정해진 금액을 통보받는 경우가 많습니다. 결국 직분을 사는 꼴이 됩니다. 거기에 세속에서의 성공이 교회 내 직분을 받는 수단이 되기도 합니다. 그러니 영적인 회심과 은사와 소명과 성품 등 성경이 말하는 직분자의 중요한 자질에서 멀어지는 것을 봅니다.

결국 한국 교회는 일반 성도보다 직분자의 타락이 더 많아지고 이를 바라보는 젊은 세대는 자연스럽게 교회를 등지게 되는 것입니다. 교회는 잘 되는 것에 승부를 거는 사업체가 아닙니다. 균형이 무너진 교회는 금이 가고 마침내 무너집니다. 균형 있는 교회를 만들어야 합니다.

그렇게 해야 이원론에 빠진 성도를 양산하는 것이 아니라 균형 있는 성도를 양육하고 세상에 파송할 수 있습니다. 균형이 있는 성도는 바로 성경적 세계관이 투철한 성도입니다. 성경적 세계관이 확립된 신앙은 결코 시대를 따라다니지 않습니다. 언제나 그 자리에서 흔들리지 않고 자신의 직무를 정직하게 감당합니다.

이웃 사랑

성경적 세계관으로 균형 잡힌 신앙인은 이웃 사랑의 책무를 사명으로 감당합니다. 특별히 가난한 이들을 존중히 여깁니다. 이것은 네 이웃을 내 몸처럼 사랑하라는 말씀을 실천하는 일입니다. 교회는 지역에 존재하면서 열방을 품습니다. 그래서 교회는 자기 지역의 복음화를 위하여 최선을 다하고 선교의 사명을 감당하는 것입니다. 항상 이웃의 아픔을 기억해야 합니다. 하나님께서 우리에게 이웃을 주신 것은 이웃을 살피라고 하신 것입니다.

정직함

또한 불의와 부정에 대하여 정직한 태도를 취해야 합니다. 파수꾼이 나팔을 불어야 할 때 불지 않고 침묵하면 모두가 멸망하게 됩니다. 교회는 이렇게 파수꾼과 같은 존재임을 기억해야 합니다. 불의에 대하여 나팔을 불어야 모두가 살 수 있습니다. 적어도 교회는 이러한 책무를 감당하므로 교회의 균형을 갖춰야 합니다. 교회가 자신의 모습을 정직하게 바라보면서 이웃 사랑을 실천하는 건강한 교회로 세워지면 도피 성도들을 다시금 돌아오게 할 수 있습니다.

2. 역사적 신앙고백이 분명한 교회

교회는 신앙고백 위에 세워졌다는 이 사실을 항상 기억해야 합니다. 교회는 반석 위에 세워집니다. 그래야 흔들리지 않고 무너지지 않습니다. 그렇지 않고 신앙고백이 빈약한 상태로 세워진다면 모래 위에 지은 집처럼 외풍에 순식간에 무너지고 말 것입니다. 신앙고백은 견고한 터와 같습니다. 이 터가 교회를 지탱하는 것입니다. 그렇지 않으면 다가오는 외압과 유혹에 쉽게 넘어지고 맙니다.

바른 신앙고백은 역사적 신앙고백을 기준으로 합니다. 교회의 역사는 하나의 교회일 때 분명한 신앙고백을 남겨 주었습니다. 이 신앙고백은 이단들의 발흥에 대항한 것입니다. 그리고 그 결과를 믿음으로 받았습니다. 이것은 예수님이 하신 방법이고 사도들이 이어 갔던 모습입니다. 거짓된 복음에 대하여 예수님은 아주 단호하셨습니다. 특별히 외식에 빠져 있는 종교 지도자들을 향하여 아주 무섭게 질책하셨습니다. 그리고 제자들에게 분명한 신앙고백을 강조하셨습니다. 그렇게 하여 교회를 바르게 세웠습니다.

사도들의 모습을 보면 예수님의 사역을 그대로 본받았습니다. 어떤 사도가 성경을 기록하였든 예수님의 모습이 나타났습니다. 실제의 사역은 사도들이 하였지만 열매는 예수님의 가르침이었습니다. 그러므로 땅 끝까지 이르러도 동일한 복음이 증거되는 것입니다.

이러한 모습은 초대 교회에 나타난 이단들을 대처하는 사도들과 속사도의 모습에 나타났습니다. 이들은 예수님의 본을 따라 빈틈없이 복음을 전하였습니다. 그리고 분명한 신앙고백을 남겨 놓았습니다. 사도들이 있었으면 해결될 일이지만 사도들은 이미 주님 품 안에서 안식하고 있었습니다. 이제 그들의 제자들이 선생의 일을 감당해야 했습니다. 그런데 놀랍게도 이들은 사도들과 같이 오직 예수님을 증거하였습니다.

속사도들과 교회는 거듭 나타나는 이단들의 생각에 분명한 신앙고백으로 대처하였습니다. 그러나 사단의 유혹은 대단히 교묘하여서 결국 교회도 속았습니다. 하지만 하나님의 교회는 그 어떤 음부의 권세도 무너뜨릴 수 없다고 하였듯이 종교개혁자들을 통하여 다시금 회복하게 하셨습니다. 그리고 더욱 강력한 신앙고백서를 만들었습니다. 그리고 종교개혁의 교회들은 비본질적인 면에서 나뉜 부분이 있지만 본질적인 신학에 있어서는 하나가 되었습니다.

교회는 선진들이 목숨 걸고 지켜준 그 신앙고백을 잘 연구하고 가르쳐야 합니다. 모든 성도들이 반드시 알고 있어야 합니다. 혹 재미없고 시대에 뒤떨어진 것으로 여겨질 수 있으나 신앙고백이 없는 교회는 풍전 등화와 같습니다.

오늘날 이단들이 날뛰고 도피 성도들이 증가하는 것은 교회가 바른 신앙고백을 가르치지 않았기 때문입니다. 교회의 유산으로 전해 준 하이델베르크 요리문답, 도르트신경, 벨직 신앙고백서, 웨스트민스터 신앙고백서 및 대·소요리문답, 아우크스부르크 신앙고백서, 스위스 신앙고백서, 침례교 신앙고백서 등을 읽고 기르쳐야 합니다.[58] 적어도 이미 우리 가운데 존재하고 있는 신앙고백서의 공통된 가르침은 알고 있어야 합니다. 바른 신앙

---

58 종교개혁의 열매로 나타난 것이 바로 신앙고백서입니다. 이 고백서는 개혁교회의 선물입니다. 대륙의 개혁교회는 3대 일치 신조인 하이델베르크 요리문답, 도르트 신앙고백서, 벨직 신앙고백서, 스코틀랜드의 장로교회는 웨스트민스터 신앙고백서, 침례교는 런던 침례교 신앙고백서를 고백합니다. 성공회는 39개 신조, 프랑스 개혁교회는 프랑스 신앙고백서를 받아들입니다. 이러한 고백서들은 종교개혁의 가르침을 공통적으로 고백하고 있습니다. 그러므로 특정한 교단의 신앙고백이 아니라 종교개혁으로 태동된 모든 교회들이 기초적으로 가지고 있어야 할 신앙고백입니다.

고백 위에 있는 교회가 생명을 낳습니다. 그리고 도피 성도를 회복하게 할 수 있습니다.

3. 세상 가운데 주되심을 실천하는 교회

교회는 단지 말 잔치만 풍성한 곳이 되어서는 안 됩니다. 말은 있고 삶이 없는 것처럼 초라한 것이 없습니다. 바울은 디도서를 통하여 말만 있고 삶이 없는 신앙을 향하여 통렬한 비판을 하였습니다. 이 비판은 참으로 무서운 것입니다. 그런데 실제로 이러한 모습을 오늘 교회의 모습에서 자주 볼 수 있습니다.

> "저희가 하나님을 시인하나 행위로는 부인하니 가증한 자
> 요 복종치 아니하는 자요 모든 선한 일을 버리는 자니라"
> _딛 1:16

가증하고, 복종치 아니하고, 모든 선한 일을 버리는 자라는 말을 듣습니다. 하나님을 시인하는 것은 참으로 복된 일입니다. 하지만 시인하는 것에서 머무는 것은 의미가 없습니다. 왜냐하면 마귀도 시인하기 때문입니다. 중요한 것은 시인이 삶으로 증명되는 것입니다. 여기에 모든 선한 일이 열매를 맺는 것입니다. 행함이 없는 시인은 참된 시인으로 보기 어렵기 때문입니다. 우리는 립 서비스(입으로 말하는 것)는 잘 합니다. 하지만 입을 떠

나 삶으로 나오는 것에는 매우 부족한 것을 볼 수 있습니다. 그래서 그 말이 사실인지 의심을 하게 만듭니다. 하나님은 중심을 보시기에 그의 말이 참인지를 알고 있습니다. 그러나 우리는 행동을 통하여 확인을 합니다. 하나님을 시인하면서 행위로 부인한다면 가증한 자라는 책망을 우리는 귀담아 들어야 합니다.

삶의 실천

교회가 존귀함과 거룩함을 다시금 회복하려면 신앙고백이 삶의 실천으로 나타남을 강조하고 보여주어야 합니다. 가증한 자의 자리가 아니라 거룩한 자의 자리에 있어야 합니다. 그러기 위해서 교회는 말이 삶이 되는 실천의 장을 만들어야 합니다. 성도들 사이에 사랑의 고백과 나눔이 하나가 됨을 보여주어야 합니다. 예배와 삶이 하나임을 보여주어야 합니다. 교회가 지역에 존재하는 이유는 의미심장한 일입니다. 교회를 산 속에 기도원으로 만들지 않으시고 마을 한복판에 세우신 것은 지역이 교회로 말미암아 구원을 보고, 사랑을 얻고, 행복을 누리고, 부끄러움을 알게 하기 위함입니다. 교회는 지역에 분란을 자극하는 존재가 아닙니다. 교회는 가르침을 그대로 보여주는 곳입니다. 그래서 사랑으로 진리를 전하는 것이 무엇인지를 알려주어야 합니다.

교회는 동네의 친구가 되어야 합니다. 동네 사람들이 교회를 통하여 자신의 삶을 돌아볼 수 있도록 해야 합니다. 교회의 십자가는 단지 장식품과 홍보물이 아니라 삶의 문제와 영적인 문제를 생각하게 만드는 지표가 되어야 합니다. 또한 어디로 가야 하는지를 알려주는 등대가 되어야 합니다. 그것이 교회입니다. 교회가 있다는 것이 행복이 되려면 교회는 많은 것을 포기하고 감당해야 합니다. 교회는 싸움꾼이 아니라 화해자가 되어야 합니다. 그리고 항상 약자들의 아픔을 가슴에 간직하여야 합니다. 교회가 현실적인 면에서 힘들어도 가난한 자와 과부와 고아로 지칭되는 사회적 약자들을 소중하게 여겨야 합니다. 그래서 동네 사람들이 교회를 존중하고, 사랑하고, 가깝게 대해야 합니다. 교회는 이 준비를 잘 감당해야 합니다.

교회는 말씀 공동체로 치열하게 말씀을 공부하고 나누고 말씀에 사로잡혀 있으면서 동시에 그 말씀이 실현되는 곳이 되어야 합니다. 그래야 성도들이 삶의 모든 영역에서 하나님의 뜻을 나타내는 삶을 살게 합니다. 성도들이 삶을 치열하게 살수록 교회는 건강해집니다. 격렬한 만큼 하나님의 뜻이 바르게 나타나고, 삶의 현장이 더딜지라도 변화가 일어납니다.

교회의 변화는 도피 성도들에게 사막의 오아시스와 같습니다. 도피의 삶을 끝낼 수 있는 소망이기 때문입니다. 교회는 이 일에 누구보다도 열심을 내야 합니다. 교회가 맘몬과 세속화의 도전과 치열하게 싸우면서 말씀이 실천되는 모습을 보일 때 도피 성도들은 자신을 돌아보고 다시금 교회 공동체의 일원으로 돌아옵니다.

4. 맘몬의 도전에 강력히 저항하는 교회

교회는 맘몬의 지배에 저항하여야 합니다. 돈이면 다 된다는 생각, 돈이 우선이라는 생각을 버려야 합니다. 교회의 대형화가 영적으로도 대형화라고 착각하는 천박한 생각을 폐기처분해야 합니다. 아직도 많은 사람들이 이러한 주술에 걸려 있는 것을 봅니다. 교회의 영적인 성장은 복음이 증거되느냐 그렇지 않느냐에 달려있습니다. 교회가 성장하는 것이 무조건 나쁘다고 할 수 없습니다. 하지만 성경의 가치를 포기한 채 성장주의에 몰두하는 것은 복음의 가치가 아니라 시장의 가치입니다. 교회를 기업을 만들어서는 안 됩니다.

각 교단들 역시 규모의 정치에서 벗어나야 합니다. 삶으로 존경받고 바른 신학을 가진 인물이 정치를 할 수 있도록 해야 합니다. 모든 것을 돈으로 해결하려는 작태는 반드시 하나님의 철퇴를 맞게 될 것입니다. 이 땅에서 징계를 받지 않는다면 반드시 마지막 하나님의 심판대 앞에서 처절한 슬픔을 당하게 될 것입니다. 그러므로 규모의 정치가 아니라 다시금 인격적이고 성숙한 정치를 만들어야 합니다. 그러한 모습을 보여줄 때 교회는 맘몬의 지배에서 벗어납니다.

또한 개교회는 재정의 정직성을 가져야 합니다. 도피 성도들의 교회에 대한 혼돈과 실망감의 원인 가운데 핵심적인 것이 바로 재정의 정직성입니다. 재정의 정직성은 재정의 투명성만을 의미하지 않습니다. 투명성은 기본입니다. 기본 위에 바르게 세워져야 할 것이 있습니다. 바로 정직한 사용입니다. 투명하게 관리하는 것만큼 중요한 것은 정직하고 바르게 집행되는 것입니다. 헌상의 목적이 잘 드러날 때 교회는 건강해집니다. 복음 증거를 위하여 사용되고, 선교를 위하여 보내지고 다음 세대를 위하여 사용될 때 교회는 건강하게 되고 다시금 권위를 회복하게 됩니다. 영적인 권세가 맘몬에게 지배당하는 것처럼 수치스러운 것이 없습니다. 교회가 재정에 있어서 정직함을 회복한다면 도피 성도들이 보금자리를 찾아 올 것입니다.

교회는 세속화의 물결에 휩쓸리면 안 됩니다. 교회마다 목사를 청빙할 때 세속적 가치를 중심에 두는 관습이 유행하고 있습니다. 목사 청빙의 일순위는 후보자의 소명과 성품과 신앙고백과 설교가 되어야 합니다. 목사는 설교자로서의 소명이 핵심입니다. 그런데 지금은 스펙이 우선순위입니다. 유학을 하였느냐, 박사학위가 있느냐를 따지는 습관이 뿌리를 내리고 있습니다. 교회에 만연한 이러한 세속주의가 일부 목사들을 타락시키는 것입니다. 더구나 이력서를 심사하는 교회가 학위과정과 학교를 잘 모르면서 무조건 스펙에 목숨을 걸고 있다면 이것은 교회의 대참사로 이어지게 됩니다. 이제는 제발 이러한 짓을 멈춰야 합니다. 목사를 세우는 일에 정말 고생을 많이 해야 합니다. 이력서로 끝나는 것이 아니라 아낌없는 수고를 하여야 합니다. 그래야 교회가 건강해집니다.

도피 성도들이 돌아오도록 교회가 반드시 감당해야 할 일이 또 있습니다. 그것은 바로 권위주의적 직분제도의 개혁입니다. 이 일에 목사의 청빙만큼 아낌없는 수고가 필요합니다. 직분제도의 개혁은 교회가 정직하고 투명하게 성장하는 데 초석이 됩니다. 교회의 직분은 철저하게 성경의 가르침에 충실하려고 노력해야 합니다. 직분자가 될 사람은 목사의 마음에 드는 사람이 아닙니다. 사회적 성공이 기준이 아닙니다. 그의 회심을 살피고, 성화를 보아야 합니다. 그래야 교회가 소망이 있습니다.

이렇게 교회는 세속화를 피하고 거룩함을 보여주어야 합니다. 우리 시대는 자유와 인권이라는 미명 아래 추잡한 것이 힘을 얻고 있습니다. 이제 혼전 성관계는 자연스럽고, 동거는 뉴스거리도 안 되고, 성매매는 동네 깊숙이 들어왔고, 각종 미디어는 이혼을 조장하고 있으며 동성애에 대하여 반박도 못 하는 상황이 되었습니다. 교회는 이런 시대에 사랑으로 확고한 진리를 가르쳐야 합니다.

교회가 도피 성도들을 구하고 복음의 나팔을 불 수 있으려면 철저하게 성경의 가르침에 순종하고 영적 거룩함을 가지고 있어야 합니다. 그래야 사람들이 교회를 피난처로 삼습니다. 교회가 정직하게 이 일을 할 때 도피 성도들의 마음은 움직입니다. 하나님께서 그 일을 기뻐하십니다. 그리고 다시금 교회를 세우십니다. 이것이 교회가 준비할 일입니다.

10장 도피 성도를 회복케 하는 목사의 준비

1. 설교자

도피 성도가 생기는 일에 목사의 책임이 막중합니다. 그래서 도피 성도 앞에 목사는 죄인 된 심정으로 서야 합니다. 지금 한국 교회는 일부지만 목사들의 타락으로 인하여 고통을 당하고 있습니다. 교회를 세우는 자로 부름을 받았는데 교회를 허무는 일에 쓰임을 받고 있으니 얼마나 가슴이 아픈지 모릅니다. 목사가 회복되지 않으면 교회는 늘 어둠이 가득하게 됩니다. 목사가 바로 살 때 도피 성도들이 집으로 돌아올 수 있습니다[59]. 그러기 위하여 목사가 반드시 회복하여야 할 모습이 있습니다.

---

59 정재영, 56. 다시 교회에 나간다면 어떤 교회에 나가고 싶은지에 대한 설문조사에서 "다시 교회에 나갈 경우 희망하는 교회 조건으로는 올바른 목회자가 있는 교회가 16.6퍼센트로 가장 많았고, 그 다음으로 공동체성이 강조되는 교회(15.6퍼센트), 건강한 교회(11.1퍼센트)"가 1~3위를 차지한 것을 볼 수 있습니다.

목사는 소명이 확실해야 합니다

소명이 분명하지 않으면 목사가 되어서는 안 됩니다. 이 문제에 대하여 자주 강조하여도 지나침이 없습니다. 목사의 위치가 어디인지 바로 알 때 교회는 건강해집니다.

> "교회가 살려면 그 중심에 서 있는 목사가 분명하게 변화해야 합니다. 목사는 설교자로 부름받았습니다. 그러므로 설교하는 일에 최선을 다해야 합니다. 장로와 집사가 자신의 역할을 감당하지 못하고, 성도가 자신의 정체성을 망각하는 것은 목사에게 책임이 있습니다. 목사는 설교자이지 교회 성장을 위한 기술자가 아닙니다. 성장을 통하여 인센티브를 받는 그런 학원 강사가 아닙니다. 목사가 자신의 정체성이 무엇인지 알고, 성도가 그러한 목사와 함께할 때 교회는 살아납니다. 성도가 목사에게 요구하는 것은 성장이 아니라 설교와 삶이어야 합니다."[60]

목사의 소명은 설교자입니다. 청교도 목사인 리차드 백스터가 말했듯이 "설교자는 죽어가는 자로서 죽어가는 자에게 마지막으로 설교하는 사람"입니다. 이러한 긴박한 자세를 가지고 엄숙하게 복음을 전하는 것이 바로 목사의 소명입니다. 이 가치를 분명하게 인식하는 것이 중요합니다.

교회에 모인 회중들에게 목사가 줄 것은 자신의 지식과 경험이 아닙니다.

---

60 신동식, 『빠름에서 바름으로』, 140.

성경을 강론하는 것입니다. 최소한 자신의 회중에게 성경 전체를 가르쳐야 합니다. 성경 강해는 성경을 연속으로 설교하는 것과 주제로 강해하는 것이 다 필요합니다. 그러나 성경이 말하는 것을 전해야 함은 분명합니다. 그것이 목사의 할 일입니다.

목사가 자신의 위치를 잘 알고 그 자리에 정직하게 머물러야 합니다. 이것이 목사의 준비입니다. 소명이 분명하지 못하면 들려오는 소리에 이리저리 흔들립니다. 그러면 교회도 성도도 힘들어집니다. 설교자의 길은 대단한 인내와 용기가 필요합니다. 하지만 마땅히 감당해야 할 길입니다.

2. 정직한 질문과 정직한 답변

목사는 성경을 정확하게 알고 있어야 합니다

성경이 오직 예수 그리스도를 드러내고 있음을 목사가 정확하게 알려주어야 합니다. 그러기 위하여 교리적인 면에서도 바른 지식이 있어야 합니다. 온갖 이단들의 유혹에 정확하게 대처할 수 있어야 합니다. 그리고 유행을 따라가는 교회 성장주의자들을 분별할 수 있어야 합니다.

> "교회가 살아나는 길은 유행을 쫓아 교회를 세우는 일을 멈추고 은사에 따라 교회를 세워야 합니다. 종교개혁자들이 피를 토하며 전해 주었던 교회를 이어가야 합니다. 그렇게 해

야 우리의 시대는 물론이고 다음 세대를 살릴 수 있습니다.

복음이 없는 시대와 복음이 사라진 다음 세대는 생각만 해도

끔찍합니다."[61]

성도들이 안심하고 신앙생활을 할 수 있게 하려면 목사의 자세가 중요합니다. 목사는 분명한 신앙고백을 가지고 있어야 합니다. 그리고 교회도 같은 신앙고백을 소유하여야 합니다. 특별히 교회의 직분자들은 신앙고백이 분명해야 합니다. 종교개혁 시대의 가장 큰 선물은 바로 신앙고백서라고 할 수 있습니다. 우리 시대는 교리를 가볍게 여기지만 종교개혁 시대에 교리는 목숨을 걸고 고백하였던 성경의 가르침이었습니다. 프랑스 신앙고백서와 벨직 신앙고백서 등은 그 자체로 순교적 신앙의 산물입니다. 성경이 말하는 것이 무엇인지를 고백하는 것이 신앙고백서입니다. 그러므로 목사는 교회가 함께 고백하는 신앙고백을 가지고 있어야 하고 동시에 지켜내야 합니다. 그렇지 않으면 부와 권력에 지배당하게 되고, 이단들의 침투에 여지없이 무너지게 됩니다.

또한 성도들에게 정직하게 질문하고 정직하게 답하는 자세를 보여주어야 합니다. 질문을 받는 것을 두려워하거나 귀찮아하는 것은 목사의 할 일이 아닙니다. 성도들이 정직하게 질문할 수 있고 대답을 들을 수 있음에 감사해야 합니다. 그러기 위해서 목사는 최선의 준비를 해야 합니다. 최소한 성경이 말하는 것을 바르게 인식하고 있는 것이 중요합니다. 그러면 성도들이 용기를 얻고, 분별력도 갖게 됩니다.

———

61 신동식, 위의 책, 148.

3. 한 사람을 향한 존중

목사는 사람에 대한 편견이 없어야 합니다

이것이 얼마나 중요한지 모릅니다. 한 영혼의 가치는 천하보다 귀합니다. 그런데 천하보다 귀한 영혼을 대하는 데 편견이 있는 것을 종종 봅니다. 외적인 조건 때문입니다. 학식, 물질, 권력, 외모 등 다양한 것들이 영혼에 경중을 재고 편견을 갖게 만듭니다. 그래서 부끄러운 일도 당합니다. 목사는 편견을 갖지 않도록 몸부림쳐야 합니다. 목사 역시 연약하기에 눈에 보이는 것에 흔들릴 수 있지만 이것과 싸워 이겨야 합니다. 그래야 한 영혼을 참으로 소중하게 여기게 되고 교회가 이 땅의 천국으로 세워집니다. 한 영혼을 하늘의 가치를 가지고 대할 때 교회는 건강하게 되고 집 떠난 자녀들이 돌아오게 됩니다.

한 영혼의 소중함을 인식한다는 것은 목회의 중심이 건물에 있지 않음을 의미합니다. 한 영혼의 구원과 거룩한 삶에 초점이 맞춰 있어야 합니다. 목사는 성도들이 삶의 현장에서 거룩한 삶을 살 수 있도록 무장시키는 일에 목숨을 걸어야 합니다. 그래서 한 영혼을 위한 눈물과 헌신이 있어야 합니다.

한 영혼의 소중함을 목회의 중심으로 삼을 때 불의에서 벗어날 수 있습니다. 특별히 교회가 성장하면서 반드시 겪어야 하는 직분자 선출에 있어서 명확한 열매가 나타납니다. 거듭나고 거룩한 삶을 살고자 몸부림치는 성도가 교회의 직분자로 세워진다면 교회는 건강하게 성장합니다. 그러나 외형에 의하여 정략적으로 직분자가 세워진다면 교회는 심각한 불신과 분열에 휩싸이게 됩니다. 목사는 이러한 현실 앞에서 중심을 분명하게 잡아야 합니다. 그러려면 무엇보다도 평상시에 한 영혼의 가치에 대한 분명한 세계관을 보여주어야 합니다.

4. 기도의 굴

목사는 기도의 굴이 있어야 합니다

자신만 하나님과 대면할 수 있는 기도의 시간과 장소를 가지고 있어야 합니다. 우리 주님이 보여주셨던 기도의 모습, 사도 바울이 보여주었던 기도의 모습, 조지 뮬러가 가지고 있었던 기도의 장소, 로버트 머레이 맥체인이 가졌던 기도의 시간이 있어야 합니다. 두 목사의 공통점은 기도하는 자리가 패어 있었다는 것입니다. 언제나 쉬지 않고 기도하였다는 증거입니다. 그러기에 뮬러는 그 어려운 시기에 고아들의 아버지로서 사명을 감당할 수 있었던 것입니다. 또한 맥체인 목사는 젊은 나이였지만 성도들에게 거룩한 존경을 받을 수 있었던 것입니다. 젊다고 업신여김을 받을 수도 있었지만 모든 구설을 잠재운 것은 바로 기도였습니다. 쉬지 않고 기도하였으며, 기도한 대로 살려고 몸부림친 열매였습니다.

성도들이 교회로부터 도피하는 원인 가운데 한 가지가 바로 목사의 거룩함의 부재라는 사실을 잊지 말아야 합니다. 그 까닭은 바로 기도의 빈약함이라 할 수 있습니다. 목사는 기도로 사는 사람입니다. 기도 없는 목사는 결코 하나님의 영광을 누릴 수 없습니다. 교회의 영광도 볼 수 없습니다. 기도가 목사의 생명이고 교회의 생명줄입니다.

기도는 성도들의 상황에 대한 공감을 보여주는 것이기도 합니다. 성도들의 작은 상황에도 아파하고, 눈물을 흘릴 수 있으려면 기도가 살아 있어야 합니다. 기도가 없이는 성도의 삶이 보이지 않습니다.

더구나 기도는 목사의 영적인 균형을 유지시켜 주는 가장 강력한 도구입니다. 그래서 주님은 제자들에게 기도를 가르쳐 주신 것입니다. 그 기도가 제자들이 홀로 섰을 때도 배교하지 않게 한 것입니다.

특별히 기도는 그의 설교를 통하여 나타나고, 그의 언행에 영향을 줍니다. 기도가 살아 있어야 삶이 살아납니다. 기도가 무디어지면 삶이 무디어집니다. 삶이 무디어지면 탐욕이 그 자리를 차지합니다. 결국 자신도 죽고, 교회도 피폐하게 만듭니다. 기도가 무너지면 성도는 어딘가로 도피합니다.

5. 견고한 자존감

목사는 자존감이 견고해야 합니다

목사가 보이는 것은 잠깐이고 보이지 않는 것은 영원하다고 설교하면서 본인은 보이는 것에 흔들리고 있다면 이미 자존감을 상실한 것입니다. 목사는 보이지 않는 하나님 나라를 분명히 믿는 삶을 살아야 합니다.

목사의 자존감은 외적인 것에서 찾으면 안 됩니다. 그러면 세속적 가치에 비추어 더 많이 가진 사람과 자신을 비교하고 주눅 들고 마침내 추해집니다. 목사의 자부심은 목사 그 자체입니다. 하나님께서 설교자로 불러 주신 그 소명 자체에 있습니다. 그것이 결코 흔들려서는 안 됩니다. 그러나 교회의 규모에 따라서 자존감이 흔들리는 경우를 종종 봅니다. 규모가 있는 교회나 목사 앞에서 풀이 죽는 모습은 그 자체로서의 자존감이 낮아진 것입니다. 이것을 극복하지 못하면 건강한 교회를 세울 수 없습니다.

물론 규모가 큰 교회의 목사도 자존감의 근원이 목사 그 자체가 아니라 교회의 규모에 있다면 그는 삯꾼이며, 거짓 선지자이며 발람의 길을 가는 자라 할 수 있습니다. 교회의 규모에 따라서 목이 쇠와 같이 단단해져 있다면 하나님의 심판을 면하지 못할 것입니다. 목사의 자존감이 외적인 조건에 흔들릴 수 있지만 그것이 소명까지 흔들리게 해서는 안 됩니다.

목사가 자존감이 높지 않으면 교회를 거룩한 하나님의 집으로 생각하지 않게 됩니다. 그리고 자신의 자존감을 세우기 위한 정치적 도구로 사용합니다. 목사는 목사로의 자존감이 분명할 때 가정도 교회도 자신도 건강하게 만들 수 있습니다.

기윤실을 창립한 고신대 석좌교수 손봉호 장로의 작은 차는 이러한 자존감을 보여줍니다. 작은 키에 작은 차를 타고 있지만 그 거대함은 이루 말할 수 없습니다. 그는 신학을 하였지만 목사처럼 살 자신이 없어서 안수는 받지 않았다고 하였습니다. 그래서 그 앞에 서면 목사로서의 자존감을 다시 금 생각하게 합니다. 그분의 지식과 명성은 따라갈 수 없어도 목사로서의 자존감은 지키자는 생각을 합니다.

외모를 중시하는 세상에서 중심을 보시는 하나님을 설교하는 목사가 외형에 집착하면 이미 자존감이 무너진 것입니다. 목사의 자존감은 외형에 있지 않습니다. 오히려 자발적 불편을 행복하게 누리는 것입니다. 이러한 자세가 흔들림 없고 일관성 있을 때 성도는 교회로부터 도피하지 않습니다.

6. 사랑과 겸손의 사람

사랑과 겸손이 목사의 이름표입니다

매우 중요한 것이면서 잘 안 되는 것이 바로 사랑과 겸손입니다. 아낌없는 사랑을 주면서 끝까지 겸손해야 합니다. 사람은 무엇을 베풀면 자랑하고 싶은 마음이 생깁니다. 그리고 마침내 교만의 자리에 섭니다. 그래서 사랑을 받는 사람들이 부담스러워지는 경우가 생깁니다. 이것을 조심해야 합니다. 사랑을 베풀되 항상 겸손해야 합니다. 이것이 목사의 이름표가 되어야 합니다. 사랑과 겸손이 머물 때 주의 자녀들은 행복합니다. 바로 거기에 모두 함께하는 즐거움이 있습니다. 목사가 겸손하면 성도들이 겸손하게 됩니다. 그러나 목사가 교만하면 성도들도 교만합니다.

저는 저의 교만함으로 성도를 겸손하게 만들지 못한 경험이 있습니다. 예수님은 자신이 섬김을 받으러 오신 것이 아니라 섬기려 왔다고 하셨습니다(막 10:45). 또한 온유하고 겸손하다고 하셨습니다(마 11:29). 그런데 주님을 가장 열심히 따르는 자인 목사가 온유함과 겸손함이 없다면 어떻게 되겠습니까? 목사의 말이 빈말이 될 수 있습니다. 결국 교회를 의심하게 만드는 것이고 도피 성도를 만들어 낼 수 있습니다. 목사의 이름표가 멋지게 빛나야 합니다.

잘 알려진 일화로 아우구스티누스의 제자들이 '그리스도인에게 가장 중요한 것이 무엇이냐'는 질문에 첫째도 겸손, 둘째도 겸손, 셋째도 겸손이라고 하였다는 말을 귀담아 들어야 합니다. 목사는 권력을 휘두르는 자가 아닙니다. 교회가 크다고 목이 쇠의 힘줄(사 48:4)이 되면 안 됩니다.

목사의 아름다운 모습은 무익한 종의 자세입니다. 예수님은 당시의 종의 모습을 비유로 하여 그리스도인의 자세를 설명합니다.

> "너희 중에 뉘게 밭을 갈거나 양을 치거나 하는 종이 있어 밭에서 돌아 오면 저더러 곧 와 앉아서 먹으라 할 자가 있느냐 도리어 저더러 내 먹을 것을 예비하고 띠를 띠고 나의 먹고 마시는 동안에 수종들고 너는 그 후에 먹고 마시라 하지 않겠느냐 명한 대로 하였다고 종에게 사례하겠느냐 이와 같이 너희도 명령 받은 것을 다 행한 후에 이르기를 우리는 무익한 종이라 우리의 하여야 할 일을 한 것 뿐이라 할지니라"
> _눅 17:7-10

무익한 종의 자세는 겸손함이 없이는 불가능합니다. 삼위 하나님을 향한 사랑과 성도를 위한 사랑이 충만해야 가능합니다. 목사가 사랑과 겸손함이 없고 교만하면 성도는 교회를 떠납니다. 그렇다고 사랑이 있고 겸손하면 교회가 성장한다는 논리는 아닙니다. 그러나 교만한 목사는 반드시 분열의 자리로 가는 것이 분명합니다. 그래서 무엇보다도 목사의 아름다움은 사랑과 겸손입니다.

7. 욕망에 대한 저항

목사는 욕망을 채우려는 탐심을 버려야 합니다

목사는 복음의 열정이 있어야 합니다. 복음의 꿈이 있어야 합니다. 하지만 자신의 욕망을 잘 구분해야 합니다. 자칫 교회가 자신의 욕망을 채우는 도구로 전락할 수 있습니다. 늙어서는 수치스러운 일을 합니다. 그런 목사들이 생겨날 때마다 도피 성도들이 양산되는 것입니다. 그러므로 자신의 욕망을 위한 욕심의 자리에서 내려와야 합니다.

목사가 욕망에 빠지면 한 영혼에 대한 간절함보다는 외적인 성장에 목을 매게 됩니다. 기업의 시스템을 도입하고 각종 프로그램을 만들어 냅니다. 성도들로 하여금 정신없이 바쁘게 만들어 버립니다. 성도들이 생각을 하면 목회가 힘들어진다는 생각을 가지고 있습니다. 우매한 성도를 만드는 것이 최고의 목회라고 생각합니다. 목사를 잘 섬기는 교단을 부러워하는 말을 종종 합니다. 그들의 신학에 대한 견해는 없습니다. 오직 목사를 잘 섬기고 있느냐가 중요한 기준이 됩니다. 이것은 목회를 육신적 성공을 위한 도구로 생각하기 때문입니다. 그래서 큰 교회를 세우는 일에 온 힘을 다합니다.

교회는 그리스도의 몸입니다. 주님께서 제자들에게 부탁하신 것은 바로 예수님의 교회를 세우는 것이었습니다(마 16:18). 그러므로 교회를 세우는 것은 목사의 욕망과 성도들의 체면과 아무 관계가 없습니다. 교회를 세우는 것은 예수 그리스도의 명령입니다. 그래서 복음이 증거되는 곳마다 교회가 세워졌습니다.

우리나라에 복음이 들어오자 세워진 것이 교회입니다. 그리스도인들이 모이기 시작하였습니다. 그리고 말씀을 배우고 기도하기 시작하였습니다. 그렇게 모인 공간에 예배당이 세워졌습니다. 이 땅에 들어온 선교사들은 예수 그리스도의 명령에 순종하여 교회를 세우고 떠났습니다.

우리 동네에 선교사가 세운 교회가 있습니다. 아직까지도 건실하게 세워지고 있습니다. 그 교회를 볼 때마다 얼마나 감사한지 모릅니다. 선교사의 소명을 잘 이어 가는 모습이 너무 좋기 때문입니다. 그러면서 우리 교회도 생각합니다. 그리스도의 몸 된 교회로 건강하게 세우고 아낌없이 떠날 수 있기를 기도합니다.

교회가 자신의 욕망의 도구가 되면 마지막이 부끄러워질 수 있습니다. 세속적인 잣대로 투자에 대한 대가를 요구하기 때문입니다. 그래서 온갖

추문에 휩싸이게 됩니다. 그래서 무엇보다도 욕망을 죽이는 일이 중요합니다. 사도 요한의 말씀은 목사에게 가장 먼저 필요합니다.

> "이는 세상에 있는 모든 것이 육신의 정욕과 안목의 정욕과
> 이생의 자랑이니 다 아버지께로부터 온 것이 아니요 세상으
> 로부터 온 것이라" _요일 2:16

욕망은 육신의 정욕과 안목의 정욕과 이생의 자랑을 갖게 합니다. 그러면 정말 추하게 됩니다. 교회를 세우는 것은 주님의 명령입니다. 그리고 목사는 무익한 종으로서의 자세를 가지고 있어야 합니다. 그럴 때 성도도 무익한 종으로서의 삶을 살려고 합니다.

8. 책의 사람

목사는 공부를 멈춰서는 안 됩니다

게으른 목사는 소명이 없음을 증명하는 것입니다. 서창원 교수는 우리 시대에 복음의 일꾼보다는 종교 장사꾼이 된 목사들이 많다고 지적하였습니다. 이 말은 너무나 슬프고 가슴을 아프게 합니다. 종교 장사꾼이 되려고 그렇게 긴 시간을 공부하고 봉사하였다는 것이 너무나 분통합니다. 그런데 그러한 모습들이 보이는 것이 현실입니다.

종교 장사꾼은 앞서 보았듯이 교회를 자신의 욕망을 채우는 도구로 사용

하는 사람들입니다. 그래서 바른 복음을 전하지 않습니다. 참된 교회인지 거짓된 교회인지에 관심이 없고 성장하느냐 성장하지 않느냐에만 관심을 가집니다. 한 영혼에 대한 관심은 없고 재정 상태에만 관심을 갖습니다.

그러니 자신을 개발하는 일에 게으른 것입니다. 신학 공부는 학교를 졸업하면서 함께 졸업합니다. 그리고 목회는 세상의 온갖 경영적 기법으로 합니다. 말씀이 말하는 것을 전하는 것이 아니라 시대가 필요로 하고, 소비자인 성도들의 욕구를 만족시키는 데 중심을 둡니다. 그래서 긍정의 힘(번영신학)과 같은 기복 설교를 합니다.

목사는 반복적으로 신학공부를 해야 합니다. 특별히 교리와 역사 공부에 열심을 내야 합니다. 그렇지 않으면 교회나 키우는 종교 장사꾼이 됩니다. 그래서 은퇴할 시점에 자신의 노후를 위하여 교회를 매각하는 일을 죄책감 없이 행합니다.

목사는 주님이 그만 하라고 하실 때까지 계속해서 공부해야 합니다. 책을 읽고 쓰는 것입니다. 책을 읽는 일을 멈추면 안 됩니다. 그리스도인의 별명은 '그 책의 사람'입니다. 책의 사람입니다. 성경책은 항상 우리와 가까이 있어야 합니다. 그리고 믿음의 선배들이 남겨주신 책들을 끊임없이 읽어야 합니다. 목사가 게으르면 사단의 표적이 됩니다. 그래서 최선을 다하여 공부하는 일에 열심을 가져야 합니다.

책의 사람이 목사의 또 하나의 이름표입니다. 책을 손에서 놓아서는 안 됩니다. 항상 책을 가까이하여야 합니다. 그래서 기도의 동굴이 있듯이 책의 동굴이 있어야 합니다. 당장 읽지 않아도 책을 구입하는 일에 부지런해야 합니다. 구입한 책이 반드시 큰 힘이 될 것입니다. 책의 동굴은 목사들이 열심을 내서 만들어야 합니다. 그것은 목사 자신만을 위한 것이 아니라 교회를 세우는 일에 큰 힘이 됩니다. 시대의 문제에 대하여 질문을 던지는 성도들에게 답을 준비할 수 있게 합니다. 온갖 이단들의 미혹에 대처할 수 있습니다. 그리고 자신의 영적인 침체를 막아 주거나 극복하게 합니다.

육신의 건강을 위하여 좋은 것을 먹고 운동을 하는 것처럼 영혼의 양식을 위하여 책을 먹고 마셔야 합니다. 성경을 먹고, 교회사를 마시고, 교리를 먹고 시대를 읽어야 합니다. 그래야 세속의 사상에 함몰되지 않습니다. 책의 사람이라는 이름표가 멋지게 빛날 때 성도들은 작게나마 안심합니다.

더구나 앞서서 살펴보았듯이 책은 성도는 물론이고, 세상과 소통하는 다리 역할을 합니다. 그래서 신학 책 읽기를 멈춰서는 안 되듯이 지속적으로 동시대의 책을 읽는 인문학적 소양 쌓기도 멈추면 안 됩니다. 어떤 이는 목사의 양손에는 성경과 신문이 있어야 한다고 말합니다. 시대를 잘 읽을 수 있어야 성경을 바르게 적용할 수 있음을 의미한다고 봅니다. 즉 성경은 죽어 있는 책이 아니라 살아 있는 진리임을 말하는 것입니다.

그러나 목사의 손에는 신문과 함께 책이 있어야 합니다. 책은 가벼운 생각과 거짓된 정보를 걸러 낼 수 있게 해 줍니다. 신문은 편집자의 의도에 따라 우리의 생각이 치우칠 수 있습니다. 더구나 지금처럼 거짓 뉴스가 난무하는 시대에 신문은 때로는 독이 되기도 합니다. 그래서 분별력이 없으면 오히려 많은 정보가 교회에 해가 되기도 합니다. 실제로 악한 정권은 미

확인 정보를 흘려서 목사들의 생각을 왜곡시키는 경우가 있습니다. 히틀러가 그 대표라 할 수 있습니다. 우리의 현대사도 혐의를 벗을 수 없습니다. 그러므로 목사는 전해들은 정보를 무조건 신뢰하는 가벼움에서 벗어나야 합니다. 그래야 묵직한 울림이 있는 말씀을 전할 수 있습니다.

이렇듯 가벼움을 버리고 바른 분별력을 가지고 정확하게 시대를 읽고 성경적인 삶을 살아 내기 위해서는 독서가 중요합니다. 특별히 다양한 분야의 책을 읽을 때 우리의 신앙을 확인할 수 있고, 변증할 수 있으며 건강한 소통을 할 수 있습니다. 그런 의미에서 목사는 책의 사람입니다. 책의 사람이 교회를 건강하게 세우는 일을 감당할 수 있습니다.

9. 가정의 청지기

목사의 가정은 성도들의 등대입니다

이 일은 쉬운 것 같으면서도 참으로 어렵습니다. 그러나 목사는 자신의 가정을 살리는 일에 전문가가 되어야 합니다. 가정이 평안할 때 목사의 사역은 행복하기 때문입니다. 물론 그렇다고 교회를 가볍게 여기라는 것이 아닙니다. 힘든 일이지만 목사는 교회와 가정을 섬기는 일에 전문가가 되어야 합니다. 그러기 위해서 설교와 삶이 가족들에게 존경받아야 합니다. 그렇지 않으면 목회도 실패하고 가정도 무너집니다. 그런 목사의 가르침을 누가 받으려고 하겠습니까?

더구나 목사들의 성적인 타락이 들려오는 시대입니다. 목사들의 성적 타락의 근거에는 가정생활의 실패가 도사리고 있다고 할 수 있습니다. 가정을 바로 세우지 못할 때 성적인 유혹에 넘어갈 수 있는 계기가 많습니다. 이러한 성적인 타락은 하나님의 영광을 가리는 것이며 그리스도의 교회를 무너지게 하는 일입니다. 그러므로 가정을 세우는 것은 목사를 세우는 것이고, 교회를 세우는 일이며, 성도들을 상처받지 않게 하는 것입니다. 그래서 목사는 가정을 세우는 일에 열심을 다해야 합니다.

종종 목사는 말씀의 봉사자라고 말합니다. 그래서 그 외의 일은 매우 소홀히 하기도 합니다. 하지만 이것은 매우 위험한 생각입니다. 목사는 말씀의 봉사자이면서 가정의 청지기입니다. 가정을 잘 세우지 못하면 그는 목사로서의 자격을 갖추지 못한 것입니다. 성경은 목사의 자격을 분명하게 밝히고 있습니다.

> "그러므로 감독은 책망할 것이 없으며 한 아내의 남편이 되며 절제하며 근신하며 아담하며 나그네를 대접하며 가르치기를 질하며 술을 즐기지 아니하며 구타하지 아니하며 오직 관용하며 다투지 아니하며 돈을 사랑치 아니하며 자기 집을 잘 다스려 자녀들로 모든 단정함으로 복종케 하는 자라야 할지며 (사람이 자기 집을 다스릴 줄 알지 못하면 어찌 하나님의 교회를 돌아 보리요)"_딤전 3:2-5

목사는 자기 집을 잘 다스려야 합니다. 자신의 집을 다스릴 줄 모르는데 교회를 돌아보는 것은 이치에 합당하지 않다는 말씀입니다. 더구나 목사는 자녀들을 잘 다스려야 합니다. 물론 자녀들이 부모의 뜻대로 자라지는 않습니다. 하지만 성경의 가르침대로 한다면 자녀들은 하나님을 믿고 부모를 공경할 것입니다. 이러한 모습이 목사의 가정에서 이뤄진다면 교회에 큰 덕이 됩니다.

또한 목사는 가정에서 폭력을 쓰거나 욕을 해서는 안 됩니다. 성도들을 향하여 그러한 행위를 하지 않으면서 가족에게 하는 것은 있을 수 없습니다. 목사는 가정에서 행실과 언어에 있어서 순결해야 합니다.

가정을 잘 다스리기 위하여 무엇보다도 힘써야 할 것은 가정예배입니다. 이것은 가장 쉬우면서도 어려운 일입니다. 하지만 가정예배는 가정을 살리는 최상의 선물입니다. 어려서부터 가정예배를 드리는 일에 힘써야 합니다. 바쁘고 힘들더라도 부부가 시간을 내어 감당해야 합니다. 가정예배는 교회를 세우는 시작입니다.

가정예배는 단순하면서도 서로의 이야기와 말씀 나눔 그리고 기도가 있기에 가정을 샬롬의 공간으로 만들어 줍니다. 목사가 가정의 청지기로서 반드시 감당해야 하는 것이 바로 가정예배입니다. 한 교회의 목사이기 전에 한 가정의 가장으로 그 역할을 충실하게 감당할 때 교회를 샬롬의 공동체로 만들 수 있습니다.

10. 균형의 사람

성경적 세계관으로 이념을 다스려야 합니다

목사들이 종종 오해해서 실수하는 것이 있습니다. 자신의 생각이 항상 옳다는 것입니다. 그래서 듣는 것보다 거침없이 이야기하는 것을 좋아합니다. 늘 설교하던 습관 때문입니다. 설교는 선포이기에 누구의 이야기를 듣거나 토론하는 시간이 아닙니다. 그러다 보니 설교 이외의 자리에서도 본의 아니게 설교하는 습관이 나타납니다. 그런데 문제는 나누는 주제들이 성경을 벗어날 때 주로 발생합니다.

특별히 정치적인 입장에서 충돌이 일어납니다. 우리나라는 정치적인 입장의 차이가 모든 관계를 규정할 정도입니다. 하도 오랫동안 정치인들의 속임수에 빠져서 좁은 땅에서 지방색이 혐오 수준까지 이르렀습니다. 그러다 보니 서로 믿지 못하고, 우리가 남이냐는 말로 서로 편가르기를 합니다. 어디 출신이냐가 그 사람의 미래를 좌우하는, 기가 막힌 현실을 살고 있습니다. 그래서 누군가에게 자신을 소개할 때 자발적으로 검열하는 습관들이 있습니다.

더구나 우리는 남북 분단이라는 불행한 현실을 살고 있습니다. 그리고 이러한 상황은 정치인들의 좋은 먹잇감으로 사용되었습니다. 우리가 부정할 수 없는 현실에서 균형 있게 산다는 것이 얼마나 어려운지 모릅니다. 자신의 생각과 조금만 달라도 매도하여 버립니다. 그래서 금방 좌파와 우파를 가릅니다. 그리고 종북주의자와 친미주의자라고 공격합니다.

이렇게 지역과 이념이 우리 사회를 가르고 있습니다. 이러한 모습은 교회도 예외가 아닙니다. 사랑과 배려와 나눔을 말하다가도 이념만 나오면 금세 싸움닭이 됩니다. 그러면 형제, 자매도 없습니다. 이념은 사단이 가장 손쉽게 사용하는 도구입니다. 우리나라와 같은 분쟁국가에서는 더더욱 맹위를 떨칩니다. 이러한 현실에서 교회가 균형을 상실하면 큰 혼란이 닥치게 됩니다.

이념 갈등과 지역색이 하나님 나라에는 없습니다. 어린 양이 사자와 함께 노는 나라에 무슨 이념적 대립과 지역차별이 있을 수 있겠습니까? 하나님 나라는 오직 하나님의 말씀 안에서 하나로 사는 샬롬의 공동체입니다.

그러므로 목사는 이념을 다스릴 수 있어야 합니다. 그 일은 성경적 세계관으로 무장하는 일입니다. 목사는 진보도 아니고 보수도 아닙니다. 보수의 길도 아니고 진보의 길도 아닙니다. 목사는 오직 성경이 말하는 길을 갑니다. 성경이 보여주는 길은 어떤 이에게는 보수적으로 보일 수 있습니다. 또한 어떤 이에게는 진보적으로 보일 수 있습니다. 그러나 목사는 성경의 길을 가는 사람입니다. 성경의 눈으로 세상을 바라보고 해석하고 이해하며 살아가는 사람입니다.

때때로 사람들이 목사의 생각을 못마땅해할 수 있습니다. 하지만 좌로나 우로나 치우칠 수 없습니다. 오직 한 길, 성경이 가르치는 길로 가면 됩니다. 그래서 더더욱 공부하고 내면의 힘을 키워야 합니다. 이념에 예속되는 것이 아니라 이념을 다스리는 목사가 되어야 합니다.

정치의 영역만이 아닙니다. 문화의 영역도 동일합니다. 문화를 잘 분별할 수 있어야 합니다. 문화를 분별하여 설교할 수 있어야 하고, 설교를 통하여 문화를 분별할 수 있게 해야 합니다. 이것이 목사의 책무입니다.

이렇게 10가지 목사의 준비를 생각해 봅니다. 이것으로 다 되는 것은 아닙니다. 그러나 최소한 이러한 모습을 가지고 있어야 합니다. 그래야 선한 영향력을 미칠 수 있습니다. 상처받고 힘들어하는 성도들을 다시금 안을 수 있습니다.

11장 도피 성도를 극복하는 개인의 준비

1. 그리스도를 아는 지식

"무식한 것은 용서하지만 무능하면서 게으른 것은 용서할 수 없다"

제 친구의 말입니다. 오랫동안 생각하게 하는 말이었습니다. 우리가 좀 부족할 수 있습니다. 흙수저로 태어날 수 있습니다. 그리고 배우지 못해서 사회적 성공과 조금 멀 수도 있습니다. 그러나 부지런히 살면 문제가 될 것이 없다는 것입니다. 하지만 무능한데 거기에 게으르기까지 한다면 그것은 용서할 수 없다는 것입니다. 왜냐하면 자신은 물론이고 가족의 눈에서 피눈물이 나게 하기 때문입니다.

무능하면서 게으른 모습을 한번 떠올려보시기 바랍니다. 그리고 나의 모습과 대조해 보시기 바랍니다. 어떠한 생각이 드십니까? 우리는 무능할 수 있습니다. 부족할 수 있습니다. 이것이 문제가 아닙니다. 무능을, 부족을 그대로 방치하는 것이 문제입니다. 대부분 이러한 사람들은 게으릅니다. 이런 사람이 가장이 되고, 교회의 직분자가 되고, 목사가 되고, 나라의 지도자가 되면 그것은 재앙입니다.

이 땅에 탁월한 존재가 얼마나 되겠습니까? 대부분은 평범합니다. 그러나 가족이, 교회가, 나라가 살아나는 이유는 게으름과 싸우기 때문입니다. 스스로의 한계를 이겨내고자 몸부림치고 있기 때문입니다. 이것이 하나님의 형상을 입은 자의 모습입니다.

『하이 콜링』의 저자인 모리스 로버츠 목사는 사람들이 슈퍼맨이 되고자 하는 것은 영적 미성숙함의 표지라고 말하면서, 슈퍼맨이 되려는 것을 경계하여야 한다고 하였습니다. 그러나 오해하지 말아야 할 것이 있는데, 그렇다고 평범한 상태에 머물러 있는 것은 범죄라고 하였습니다.

> "더 높은 기준에 도달할 수 있음에도 평범한 상태에 머무는 것은 범죄라고 할 수 있다. 모든 성도는 자신이 받은 은사를 최고로 활용하여야 한다. 위대한 주인을 위해 될 수 있는 대로 최선의 존재가 되고, 할 수 있는 최선을 다하는 것이 성도의 의무이다."[62]

평범한 것에 머무는 것은 게으름입니다. 그리고 게으름은 죄입니다. 성경은 게으름에 대하여 엄격하게 책망하고 있습니다.

62　모리스 로버츠, 황영철 역, 『하이 콜링』(서울: 이레서원, 2016), 240.

"게으름이 사람으로 깊이 잠들게 하나니 해태한 사람은 주릴
것이니라" _잠 19:15

"게으른 자는 마음으로 원하여도 얻지 못하나 부지런한 자의
마음은 풍족함을 얻느니라" _잠 13:4

그러므로 성경은 부지런하여 배우기를 힘쓰라고 말하고 있습니다(롬
12:11). 게으름에 머무는 것은 하나님이 주신 달란트를 우습게 여기는 행
태입니다. 그러므로 범죄라고 말하는 것입니다. 모든 성도는 죄악의 자리
에서 일어나야 합니다. 그리고 하나님의 형상으로 지음받은 영예로움을 나
타내야 합니다. 무능하고 게으른 성도처럼 불쌍한 사람은 없습니다.

부지런한 성도는 하나님을 아는 일에 최선을 다합니다. 자신의 신세를
한탄하는 자리에 머물지 않고 떨쳐 일어납니다. 그리고 자신의 재능을 확
인하여 개발하고자 애를 씁니다. 이런 성도들은 도피 성도의 자리에 떨어
지는 일이 매우 적습니다. 그러므로 도피 성도가 되지 않기 위하여 성도 스
스로의 준비가 얼마나 필요한지 모릅니다. 부지런히 준비할 때 영적인 유
혹과 위기에서도 떨어지지 않고 견딜 수 있습니다. 혹 잠시 흔들렸어도 회
복하는 데 시간이 길지 않습니다.

영적 시험을 이기고 거룩한 성도의 자리에 견고하게 서려면 잘 준비하여
야 합니다. 준비 없이 게으름에 빠지면 회복은 기약할 수 없습니다.

배우는 일에 열심이 있어야 합니다

우리나라는 6.25라는 현대 전쟁을 겪은 나라입니다. 참으로 슬프고 안타까운 일입니다. 공산주의자들의 오판이 나라를 전쟁의 아수라장으로 만들어 버렸습니다. 해방의 기쁨도 잠시, 민족은 둘로 갈리게 되었습니다. 3년 반 동안의 전쟁은 참으로 처참하였습니다. 그런데 이러한 전쟁 가운데서도 포기하지 않은 것이 학교입니다. 피난민이 모여 있는 곳이면 어디든지 천막 학교가 생겼습니다. 그렇게 배웠습니다. 그리고 마침내 그 배움이 새로운 역사를 만드는 밑거름이 되었습니다.

얼마 전 개봉했던 "순종"이라는 다큐멘터리 영화가 있습니다. 레바논 시리아 난민촌에서 사역하는 선교사의 이야기였습니다. 참으로 눈물을 많이 흘리게 하였습니다. 그 가운데 난민촌 이동학교에 대한 이야기에 많은 생각을 하였습니다. 난민촌에서 한 달에 한 번 있는 이동학교에 아이들이 몰려와서 배웁니다. 아이들이 공부하는 눈은 진지하였고 미래의 회복될 나라에서 자신이 할 일에 대하여 꿈을 꾸고 있었습니다. 난민촌에서 소망의 빛이 보였습니다.

혹시 전쟁통에 배움이 무슨 의미가 있느냐고 말하는 분이 있을지 모릅니다. 그런데 역사는 우리가 생각하는 것과 다릅니다. 혹 그것이 당장 사용할 수 없을지 모릅니다. 그러나 때가 오면 준비된 자는 사용받지만 준비되지 않으면 쓰임받지 못합니다.

영적인 여정도 동일합니다. 도피 성도의 자리에 떨어지지 않기 위해서 혹은 교회를 떠난 자리에 있다면 회복을 위해서 준비하여야 할 것은 열심히 공부하는 것입니다. 예배와 성경말씀과 기도와 선배들의 고백과 삶의 증언들을 배우고 읽는 것이 중요합니다. 그렇게 준비할 때 우리는 교회를 다시 세우고 하나님 나라 시민의 삶을 살 수 있습니다.

그런데 한국 교회 성도들이 1년에 어느 정도의 책을 읽고 있을까요? 놀랍게도 평균 약 1권입니다.[63] 이만큼의 독서량으로는 교회를 건강하게 만들 수 없습니다. 성도들이 좀 더 배워야 합니다. 그리스도를 아는 지식에서 자라나야 합니다. 그리고 깊이 있는 신앙인이 되어야 합니다.

이렇게 그리스도를 아는 지식과 세상을 분별할 수 있는 지식을 얻는 일에 열심을 다하여 공부할 때 교회는 더욱 건강한 모습으로 세워질 것입니다. 독서가 깊어지면 겸손하게 되고, 거짓 뉴스에 휘둘리지 않습니다. 그리고 그리스도를 아는 지식에서 자라가는 성도가 교회를 건강하게 만듭니다.

2. 회심에 대한 확신

자신의 회심을 정직하게 돌아보아야 합니다

회심 없이 종교인으로 오랫동안 살 수 있습니다. 얼마든지 사람들을 속이면서 살 수 있습니다. 그러나 위기가 오면 그 실체가 드러납니다. 아주

---

63 한국기독교목회자협의회, 『한국 기독교 분석 리포트 1998-2018』, 151.

적나라하게 나타납니다. 위기란 어려움만을 의미하는 것이 아닙니다. 삶에 여유가 생기는 것도 위기입니다. 더 이상 하나님 없이도 살 수 있다고 생각합니다. 단지 관계만 유지하고 살아가고 싶어 합니다. 충분히 이럴 수 있습니다. 하지만 영원한 형벌은 피할 수 없습니다.

반면에 회심한 그리스도인은 하나님 나라와 지옥에 대한 바른 고백을 갖습니다. 그리고 하나님 나라의 삶에 대하여 간절한 기대와 소망을 가지고 살아갑니다. 그러한 모습은 이 땅에서 시작됩니다. 하나님 나라를 준비하는 삶으로 살아갑니다. 그리고 마침내 주님 안에서 누릴 영광을 기대합니다. 회심한 자는 은혜의 기쁨이 무엇인지 잘 알고 있습니다.

> "은혜는 성도에게 본능적 감각을 주는데, 그 중의 하나가 역사의 마지막에 하나님과 정상적인 관계에 들어가는 것만큼 중요한 것이 이 세상에 없음을 아는 것입니다."[64]

회심한 그리스도인은 이러한 영광을 기대하면서 회개할 기회가 있는 이 땅의 삶에 최선을 다합니다.

모리스 로버츠는 말합니다. "우리의 지상 생활의 매 순간은 회개와 하나님과의 화해를 위한 황금 같은 기회를 제공한다"[65] 이 사실을 인식하는 것이 회심의 모습입니다. 그래서 우리는 이 땅에서의 삶에 최선을 다하는 것입니다. 심판의 날에는 기회가 없기 때문입니다. 성경은 우리가 하나님 안

---

64 · 모리스 로버츠, 204.
65 · 위의 책, 206.

에서 심판받을 것에 대하여 분명하게 밝히고 있습니다. 사도 요한이 받은 하나님의 말씀은 우리의 삶을 다시금 생각하게 합니다.

> "그 죄는 하늘에 사무쳤으며 하나님은 그의 불의한 일을 기억하신지라 그가 준 그대로 그에게 주고 그의 행위대로 갑절을 갚아주고 그의 섞은 잔에도 갑절이나 섞어 그에게 주라 그가 어떻게 자기를 영화롭게 하였으며 사치하였든지 그만큼 고난과 애통으로 갚아 주라 그가 마음에 말하기를 나는 여황으로 앉은 자요 과부가 아니라 결단코 애통을 당하지 아니하리라 하니"_계 18:5-7

'그만큼 갚아 주신다' 하고 말씀하십니다. 참으로 무서운 말씀입니다. 그래서 하나님 나라 시민으로 사는 사람들은 이 말씀 앞에 자신의 회심을 점검하고 그리스도의 은혜에 감사합니다. 도피 성도가 되지 않으려면 회심을 돌아보아야 합니다. 회심이 회복의 시작입니다.

3. 정직한 답을 얻고자 하는 열심

정직한 질문을 던지고 정직한 답을 얻는 일을 두려워하지 말아야 합니다

질문이 없으면 무지가 남는 것이 아니라 의심이 남습니다. 그런데 의심은 사단의 작당입니다. 사단은 의심의 영이기 때문입니다. 의심은 교회를 무너뜨리고 성도로 하여금 교회를 떠나게 만듭니다. 그래서 질문하는 일을 잘 해야 합니다. 그러면 적어도 깊은 내상은 피할 수 있습니다.

그런데 정직한 질문을 위해서는 지혜와 용기와 예의가 매우 필요합니다. 정직한 질문은 비판을 위한 질문이 아니어야 하고, 누군가를 창피 주기 위해서 하는 질문이 되어서도 안 됩니다. 그래서 지혜와 용기와 예의가 필요합니다. 그것은 정직한 답을 얻거나 혹은 아름답지는 못해도 부끄럽지 않은 이별을 위하여 중요합니다. 정직하게 질문하려면 질문을 정확하게 이해하고 있어야 합니다. 그렇지 않으면 답을 얻을 수 없습니다. 그리고 자신 있게 질문해야 합니다. 스스로 자기 검열을 하면 안 됩니다. 그러면 풀리지 않는 것이 계속 남아 있습니다. 어린아이 같은 질문이라고 생각하지 말아야 합니다. 모든 질문은 다 의미 있습니다. 질문에는 용기가 필요합니다. 그리고 용기 있는 사람이 진리를 깨닫습니다.

그러나 여기서 예의가 필요하다는 것을 반드시 기억해야 합니다. 그렇지 않으면 질문 때문에 도리어 상처받을 수 있습니다. 사실 한국 사람들이 제일 안 되는 것이 예의 바른 질문입니다. 질문하는 것인지 가르치는 것인지 모를 때가 많습니다. 질문이 정리가 되지 않을 때 대부분 예의 없이 행동합니다. 그러나 예의가 있으면 답을 얻게 됩니다.

또한 한 번에 모든 것을 얻으려는 태도는 버려야 합니다. 급하게 먹으면 체하듯이 진리를 아는 길도 조금 여유가 필요합니다. 왜냐하면 어떤 질문은 시간이 조금만 지나면 저절로 알 수 있게 되고, 어떤 질문은 계속하여 곱씹어야 하기 때문입니다. 그래서 조금 여유를 가질 필요가 있습니다. 그래야 답을 주는 사람도 자신을 돌아보고 공부할 수 있기 때문입니다. 이렇게 성도가 정직하게 질문하고 정직하게 답변하는 일을 두려워하지 않고, 교회와 지도자들이 같은 마음을 품는다면 도피 성도는 많이 줄어들 것입니다.

더구나 정직한 질문은 영적 성숙에 지대한 영향을 줍니다. 저는 『빠름에서 바름으로』에서 정직한 질문이 없는 신앙에 대하여 이렇게 말하였습니다.

"정직한 질문을 던지는 것은 영적인 성숙에 지대한 영향을 줍니다. 그리고 건강한 교회를 세우게 합니다. 교회가 건강하지 못한 것은 정직한 답을 얻는 일이 부족하기 때문입니다. 정직한 답이 없는 세대의 특징은 크게 두 가지로 나타납니다. 하나는 '자신의 소견에 옳은 대로' 살아갑니다. 그리고 두 번째는 '맹목적 신앙으로' 살아갑니다. 참과 거짓에 대한 분별에 관심이 없습니다. 정의와 불의에 대한 구별에도 시큰둥합니다. 오직 자신의 삶에만 관심이 있습니다. … 복음의 진리는 정직한 자에게 열려 있습니다. 성령의 은혜는 말씀 앞에 진지하게 고백하는 자에게 충만하게 나타납니다. 더 이상 맹신적 신앙과 신비주의 신앙에 허덕이지 말고 분별력 있는 신앙, 균형 있는 신앙이 되어야 합니다."[66]

성도는 무엇보다도 복음의 진리를 알고자 몸부림쳐야 합니다. 그것이 큰 울림처럼 보이지 않아도 반드시 건강한 교회를 세우는 일에 유용하게 사용

---

66 신동식, 『빠름에서 바름으로』, 198-199.

됩니다. 하나님은 정직한 질문에 정직한 답을 가지고 있는 자녀를 통하여 그의 나라를 확장시키시기 때문입니다.

우리 교회는 오후 예배 후에 종종 설교에 대한 질문 시간을 갖습니다. 대부분 그 시간에 답을 얻지만 때로 못 얻을 때는 한 주 동안 공부하여 답하기도 합니다. 이것은 교회가 신뢰의 공동체가 되는 작은 걸음이라 생각합니다. 신앙과 삶에 대한 다양한 질문과 대답이 있을 때 우리의 신앙은 건강하여지고, 교회는 풍성하게 세워질 것입니다. 그렇게 되면 도피 성도는 점점 사라질 것입니다.

4. 판단과 비판의 정밀성

보이는 것으로 모든 것을 판단하는 일을 버려야 합니다

대부분 교회를 떠나는 분들에게는 교회와 목사에 대한 실망이 있습니다. 매스컴을 통하여 대형 교회들의 비리와 목사들의 타락을 보기 때문입니다. 또한 자신들과 다른 정치적 성향을 비판합니다. 그러나 이 문제가 교회를 등지고 도피 성도로 떨어질 만큼 크다고 할 수 없습니다. 이 땅의 모든 교회는 불완전합니다. 모든 목사 역시 불완전합니다. 완전함은 오직 하나님 한 분 외에는 없습니다. 그러나 보이지 않는 곳에 하나님 나라를 향하여 분투하는 참 교회들이 여전히 있음을 기억해야 합니다.

보이는 것이 전부가 아닙니다. 대형 교회가 교회를 대표하지 않습니다. 사람이 많이 모이니까 재정도 있고 능력도 있습니다. 그러나 대표는 아닙니다. 대형 교회의 목사 역시 목사의 대표가 아닙니다. 교회는 숫자로 대표를 정하지 않습니다. 성도들이 이 의식에서 벗어나지 않는 한 도피 성도들은 계속 발생할 것입니다. 보이는 것에 현혹되면 보이는 타락으로 인하여 자신의 신앙을 버리는 불상사가 생깁니다. 불의한 교회와 목사를 옹호하는 것이 아닙니다. 그들이 전부가 아니고 대표가 아니라는 생각을 가져야 합니다.

보이는 것의 미혹에서 벗어나면 교회를 떠나는 것을 막을 수 있습니다. 우리의 신앙은 보이지 않지만 영원한 것을 소망합니다. 그래서 참되고 바른 복음을 전하는 교회를 찾기 위하여 기도하고 노력해야 합니다. 그리고 그 교회가 바른 복음을 전하고 있고 도덕적으로 큰 문제가 없다면 교회를 세우는 일을 감당해야 합니다. 건강한 교회를 세울 때 도피 성도들을 품을 수 있습니다.

그렇다고 무조건 작은 교회가 정답이라고 말하지 않습니다. 작은 교회라 할지라도 바른 복음이 증거되지 않고, 투명하지 못하고, 독재적 운영에 사로잡혀 있다면 그것은 대안 교회가 될 수 없습니다. 그러나 비대해진 교회가 성경적인 건강한 교회가 되기는 쉽지 않습니다. 양은 목자를 알고, 목자는 양을 알아야 하는데 서로 모릅니다. 하지만 편리함이 있기에 교회는 나가지만 어떠한 봉사도 하지 않는 익명의 그리스도인으로 남아 있는 것입니다. 하지만 이러한 모습이 나타나면 점차적으로 교회를 떠나는 도피 성도가 될 수 있습니다. 물론 이들 가운데 예수님을 믿는다고 하는데 자신의 회심에 관심이 없는 실천적 무신론자들도 있습니다.

그런 의미에서 양과 목자가 서로 알고 나눔이 있는 규모의 공동체가 되어야 합니다. 즉, 참된 복음이 증거되고 인격적인 교제가 살아 있고 건강한 나눔이 있는 교회가 필요합니다. 그러기에 보이는 것에 너무 민감하여 상처받지 말아야 합니다. 오히려 참된 교회를 바라보고 감사하고 웃을 수 있어야 합니다. 그것이 사는 길입니다.

이 땅에는 아직도 건강한 교회들이 살아 있습니다. 도매금으로 모든 교회를 비판하여 자신이 안식을 얻을 수 있는 공동체까지 무시하여 버리는 일은 없어야 합니다. 좀 더 정밀하게 교회를 살피는 일이 있어야 합니다. 교회는 주께서 세우신 것입니다. 그러므로 사람들이 무너뜨린다 해서 무너지는 것이 아닙니다. 십자가의 보혈 위에 세워진 교회임을 기억해야 합니다.

우리는 어설프게 교회를 비판하다가 하나님이 베풀어 주신 은혜를 발로 찰 수 있음을 기억해야 합니다. 마치 바알에 무릎 꿇지 않은 7000명의 성도들이 있었듯이 아직 이 땅에 소망 있는 교회들이 있습니다. 절망하고 단정하기 전에 거룩한 공동체를 찾기 위한 몸부림이 있어야 합니다. 그리고 비판의 대상인 교회를 다시금 돌아볼 수 있어야 합니다. 그리스도의 몸인 교회를 다시 한 번 품을 수 있어야 합니다.

5. 하나님 나라 신앙

땅의 신앙에서 하나님 나라 신앙으로 살아가야 합니다

인간은 시대를 건너뛰면서 살 수 없습니다. 그래서 시대의 사람이라고 부릅니다. 이 말은 인간의 유한성을 묘사하는 말입니다. 인간이 아무리 뛰어난들 5분 뒤의 일을 알지 못합니다. 미리 살지도 못합니다. 시간 안에 살고 있고, 시간과 함께 살아가는 존재입니다. 그러나 시간 속에 산다고 하여서 닫힌 존재로 살아야 함을 말하지 않습니다. 시간 안에 살면서 우주적 시각으로 살 수 있습니다.

우리는 한반도에 살고 있습니다. 그것도 분단된 국가에서 살고 있습니다. 아직도 법적으로 전쟁 상태입니다. 지난 65년 동안 휴전 상태에 있을 뿐입니다. 우리는 뼛속 깊이 냉전 체제 속에서 살고 있습니다. 그래서 자연스럽게 모든 것을 한반도 중심으로 세상을 바라봅니다. 하지만 우리는 한반도의 백성이면서 동시에 하나님 나라 시민입니다. 이것이 우리의 정체성입니다. 이것을 기억해야 합니다. 주님은 우리가 땅에 살지만 하늘을 바라보고 사는 존재라고 하셨습니다. 우리는 한반도에 있지만 하나님 나라를 바라보고 사는 사람들입니다.

이것은 우리의 시각이 어떠해야 하는지 보여주는 말씀입니다. 우리는 하나님 나라의 시각으로 한반도를 바라보고 이해하고 살아가야 합니다. 그래야 이념 때문에 복음을 훼손하지 않습니다. 우리는 이념을 따르는 것이 아니라 진리를 쫓아갑니다. 이념을 따르면 신앙이 도구가 되고 마침내 신앙을 훼손하고 버리게 됩니다. 하나님은 이사야 선지자를 통하여 이런 말씀을 주셨습니다.

> "내 백성아 갈찌어다 네 밀실에 들어가서 네 문을 닫고 분노가 지나기까지 잠간 숨을찌어다 보라 여호와께서 그 처소에서 나오사 땅의 거민의 죄악을 벌하실 것이라 땅이 그 위에 잦았던 피를 드러내고 그 살해 당한 자를 다시는 가리우지 아니하리라" _사 26:20-21

여기서 밀실이 의미하는 바가 중요합니다. 하나님은 고난의 날에 밀실에 들어가서 숨으라고 말합니다. 이것은 침착함과 평온함을 가지고(칼빈) 하나님이 이루실 구원을 묵상하고 기도하는 것(E. J. 영)을 의미합니다. 밀실은 기도하는 곳이며 주님을 대면하는 곳이기 때문입니다.

때가 이르면 하나님께서 심판을 내리실 것입니다. 악인이 이 땅에서 행한 죄악을 심판하실 것입니다. 그들이 빼앗은 피를 다시 찾으실 것입니다. 악한 이들이 흘리게 한 피가 땅을 적시고 하나님의 백성이 눈물을 흘릴 때 잊지 않으십니다. 하나님은 반드시 그 핏값을 찾으십니다(창 4:10-11, 겔 24:7-8). 악인들이 심판받을 때 우리는 영광의 자리에 서게 될 것입니다. 그때까지 우리가 할 일은 평안함을 유지하는 것입니다. 흥분하여 하나님의 일하심을 보지 못하는 어리석음을 취해서는 안 됩니다. 그것은 하나님의 뜻이 아니라 사단의 술책입니다.

정치적 견해가 아니라 복음이 우선입니다. 정치적 입장이 달라도 복음

안에서 균형을 잡아야 합니다. 복음의 기준 됨이 우선입니다. 이것이 바로 세워지지 않으면 도피 성도의 시간은 길어지고 하나님이 주시는 즐거운 시간은 너무 짧게 지나갈 것입니다. 그러므로 우리는 한반도 중심의 신앙이 아니라 하나님 나라 중심의 신앙이 되어야 합니다.

12장 하늘 시민으로 함께 살아가기

1. 영적 현실에 참여하기

> "오직 우리의 시민권은 하늘에 있는지라 거기로서 구원하는 자 곧 주 예수 그리스도를 기다리노니 그가 만물을 자기에게 복종케 하실 수 있는 자의 역사로 우리의 낮은 몸을 자기 영광의 몸의 형체와 같이 변케 하시리라"_빌 3:20-21

우리는 이 땅에 살지만 동시에 하늘 시민입니다. 이것은 지금 여기의 삶이 끝이 아니라는 사실입니나. 하늘 나라 시민에게는 영원한 삶이 준비되어 있습니다. 이것이 우리로 하여금 소명에 합당한 삶을 살아야 할 이유입니다.

우리는 하늘 나라 시민으로 이 땅을 살아가는 것입니다. 이것이 분명한 우리의 정체성입니다. 이 일을 위하여 우리는 영원한 삶을 위한 절호의 기회인 이 땅의 삶을 잘 준비해야 합니다.

앞서서 교회는 말씀과 교육과 교제가 균형 있게 세워진다는 사실을 보았습니다. 그리스도인 된 우리에게 반드시 있어야 할 모습입니다. 영적인 균형은 우리의 신앙과 삶을 행복하게 만들어 줍니다. 봉사를 하여도 즐겁습니다. 삶의 현장에서 사명을 감당할 수 있습니다. 그렇다면 구체적으로 어떠한 삶을 살아야 하겠습니까?

"우리가 소속된 그리스도인의 공동체에 대해 날마다 감사하지 않고, 도리어 모든 것이 우리 기대와는 달리 너무 초라하고 보잘것없다며 불평만 한다면 우리는 예수 그리스도 안에서 우리 모두를 위해 이미 준비해 놓으신 경륜과 부유함을 따라 우리 공동체를 성장시키려는 하나님을 방해하게 합니다. 혹여 우리 공동체가 위대한 체험이나 풍성함이라고는 찾아볼 수 없을 뿐만 아니라, 너무도 연약하고 믿음이 없으며 어려움만 가득하다고 할지라도 마찬가지입니다. 이런 일은 무엇보다도 목회자나 열심 있는 성도들이 자신의 교회에 대해 종종 불평을 늘어놓곤 하는 일들에서 나타납니다. 목회자는 자기 교회에 대해 불평해서는 안 되며 무엇보다도 사람 앞에서나 하나님 앞에서 불평을 늘어놓아서는 더더욱 안 됩니다. 그에게 하나님의 교회를 맡기신 것은 하나님과 사람 앞에서 교회를 고발하기 위해서가 아닙니다. 자신이 부름 받아 소속된 기독교 공동체와 어긋나서 고발하는 자가 되었다

면, 그는 하나님에 의해 깨어져야만 할 자신의 이상은 없는
지 우선 자기 자신부터 점검해 보아야 합니다. … 그리스도
인의 공동체는 마치 성화와도 같습니다. 그것은 우리가 요구
할 수 없는 하나님의 선물입니다. 우리의 공동체가 어떠해야
하는지는 우리의 성화가 그러하듯이 하나님만 아십니다. …
그리스도인의 형제애는 우리가 실현해야 할 이상이 아니라,
하나님께서 그리스도 안에서 이루어 놓으신 영적 현실에 참
여하는 것입니다."[67]

위 글은 본회퍼 목사의 『성도의 공동생활』 가운데 한 대목입니다. 목사
와 성도가 교회에 대하여 어떠한 자세를 가져야 하는지를 담담하게 말하고
있습니다. 교회는 내가 무엇을 해야겠다는 자세를 갖는 것이 아니라 그리
스도 안에 이루어 놓으신 영적 현실에 참여하는 것이라는 대목에서 가슴이
쿵쾅거립니다.

오늘날 많은 사람들이 교회를 자신의 꿈을 이루는 도구로 생각합니다.
또한 세상에서 누리지 못한 권력을 누리는 매개체로 생각합니다. 그래서
자신이 원하는 대로 일이 이루어지지 않으면 떼를 쓰는 것을 봅니다. 교회
를 철저하게 자기 중심으로 생각하고 살아가기 때문입니다. 교회가 자신의
건강, 가정의 행복, 직장에서의 성공, 자신이 열정적으로 하고 싶은 일에
도움을 받는 곳으로 전락되었습니다.

---

67 디트리히 본회퍼, 정현숙 역, 『성도의 공동생활』(서울: 복있는 사람, 2016), 42-44.

　그러나 교회는 이러한 모습으로 세워진 것이 아닙니다. 교회는 하나님이 그리스도 안에서 이루어 놓으신 그 일에 함께 참여하는 곳입니다. 그리스도의 십자가의 은혜를 누리고, 십자가의 복음을 나누고, 십자가의 영광을 높이는 곳이 교회입니다. 나의 나 된 것이 하나님의 은혜임을 알고 오직 그리스도를 배우는 곳입니다. 나의 이상을 꿈꾸는 것이 목적이 아닙니다. 오직 그리스도를 알고 그리스도를 드러내는 곳입니다.

　그러므로 교회는 오직 말씀이 기준이 됩니다. 하나님의 말씀 앞에 순종하고 따릅니다. 다른 그 어떤 것도 우리의 기준이 될 수 없습니다. 오직 말씀이 교회의 기준이 됩니다. 말씀은 오직 그리스도를 드러내고 있기 때문입니다.

　교회라는 공동체를 주신 하나님의 사랑은 참으로 놀랍고 큰 은혜입니다. 영적인 실체로서의 교회는 우리의 삶을 강건하게 지켜주는 버팀목입니다. 그러므로 교회를 가볍게 여기면 영적인 침체에 빠지게 됩니다. 그리고 영적 무능력이 나타납니다. 그리스도는 믿는데 교회는 다니지 않는다는 것은 그리스도를 믿는 것이라 할 수 없습니다.

　오늘날 점점 교회를 가볍게 생각합니다. 곧 주일을 가볍게 생각하게 됩니다. 주일은 영적인 안식을 누리는 것이 우선순위입니다. 육체의 쉼은 오직 영적인 안식을 위한 것이지 단지 육적인 안식을 위하여 주일이 있는 것이 아닙니다. 그러므로 주일에 말씀으로 충만한 은혜를 누리지 못한다면 그의 신앙은 점점 죽어간다고 할 수 있습니다. 당장은 잘 보이지 않습니다. 반드시 바닥이 드러날 것입니다.

교회 공동체는 하나님이 우리에게 베풀어 주신 최고의 선물입니다. 이 선물을 감사하고 혹 공동체에 부족한 것이 있다면 실망하고 떠벌리는 것이 아니라 기도하고 또 기도해야 합니다. 물론 분명한 죄는 직시하여야 하지만 부족한 부분들은 함께 만들어 가야 합니다. 교회는 우리의 영혼을 복되게 하는 곳입니다. 하나님의 존귀한 선물입니다. 이 교회를 다시금 생각하고 말씀이 가르치는 대로 신앙생활 하여야 합니다. 교회를 생각하는 일이 적어지고, 교회를 위해 기도하는 시간이 줄어들고 있다면 내 영혼이 죽어가고 있다는 증거입니다. 성도는 "하나님께서 그리스도 안에서 이루어 놓으신 영적 현실에 참여하는 자"임을 항상 기억해야 합니다.

2. 교회 품기

아기가 이 땅에 나오기까지 9개월이라는 시간 동안 엄마 태에서 자라나야 합니다. 건강한 모습으로 세상에 나오기까지 긴 시간이 필요합니다. 그리고 아기와 엄마 모두 힘을 합쳐야 서로 만나게 됩니다. 한 아이의 탄생을 보는 일에는 이렇게 수고와 기다림이 필요합니다. 생명은 결코 쉽게 얻어지지 않습니다.

영적인 생명도 동일합니다. 한 영혼을 얻는 일은 쉬운 일이 아닙니다. 그만큼 한 영혼이 소중합니다. 하지만 우리는 그 소중한 생명을 우리의 무지와 실수로 종종 잃어버릴 때가 많습니다. 그래서 속상할 때가 한두 번이 아닙니다. 탑을 세우기는 어렵지만 무너지는 것은 한 순간입니다. 더욱더 깨어 경성하지 않으면 가슴 아픈 일을 당하게 됩니다.

그런 의미에서 교회가 세워지는 것만큼 복되고 아름다운 것은 없습니다. 예수님은 믿음의 반석 위에 자신의 교회를 세우신다고 말씀하셨습니다. 교회는 예수님의 분명한 선언에 나타납니다. 에클레시아의 선포가 바로 예수님의 입으로 이루어졌습니다(마 16:18). 그리고 사도들은 이 에클레시아를 세우기 위하여 생명을 바쳤습니다. 땅 끝까지 이르러 내 증인이 되라고 하신 것은 바로 땅 끝까지 에클레시아를 세우라는 명령입니다. 그러므로 예수 그리스도의 복음이 선포되는 곳에는 반드시 에클레시아가 세워졌습니다.

예수님께서 자신의 에클레시아를 세우신 것은 에클레시아를 통하여 구원이 흘러나오기 때문입니다. 그래서 믿음의 선진들은 예수님의 말씀을 되새기면서 교회를 어머니라고 부른 것입니다. 구원 즉 영적 생명이 교회를 통하여 나오기 때문입니다. 예수님은 이 일을 위하여 사도들을 세웠고 파송하셨습니다. 그리고 성도를 부르고 또 다시 에클레시아를 세웠습니다. 그러한 교회의 역사가 지금도 이어지고 있습니다.

수없이 많은 사람들이 에클레시아를 무너뜨리려고 하였습니다. 각종 이단과 철학자와 인본주의자들이 그러한 일을 시도하였습니다. 하지만 교회사는 사람의 생각과 다르게 진행되었습니다. 지금 당장은 다 무너질 것 같아 보이지만 하나님은 그의 계획을 완성하기까지 교회를 지키십니다. 교회사는 이러한 하나님의 오묘하심을 증거하고 있습니다. 교회는 현실의 상황에 따라 세워지고 사라지는 것이 아니라 하나님의 계획에 따라 흥망합니다.

요즘 우리의 현실이 교회를 불신하게 만들고 있습니다. 교회를 떠나 무교회주의자로 사는 것을 자연스럽게 생각하고 있습니다. 교회 안 나가는 사람은 사회학적으로 살펴보고 영적으로 해석하고 답을 만들어야 합니다. 그렇지 않으면 교회가 아니라 기관으로 전락하고 맙니다. 교회의 현상을 영적으로 해석하는 이유는 교회의 주인이 바로 예수 그리스도이기 때문입니다. 예수님은 사회적 관점에서 교회를 세우지 않았습니다. 더구나 예수님이 말씀하신 곳은 가이사랴 빌립보로서 거대한 우상인 판(Pan) 신전이 자리 잡고 있으며, 헤롯의 궁궐이 있는 곳이었습니다. 예수님은 바로 이러한 지점에서 제자들의 신앙고백을 확인하였고 에클레시아를 선포하셨습니다.

교회는 그 자체로 신앙고백의 산물입니다. 교회는 사회적인 여건에 따라 움직이는 것이 아니라 신앙고백에 따라 세워지는 것입니다. 그러기에 교회의 신앙고백이 소실되면 교회는 더 이상 존재하지 않습니다. 교회를 무너뜨리는 것은 사회적인 풍토가 아닙니다. 40-50년 뒤 인구의 유무도 아닙니다. 그것은 아무도 알 수 없습니다. 지금 없다고 앞으로도 없다고 말할 수 없습니다. 지금 있다고 앞으로 많을 것이라는 생각도 틀립니다. 그것은 통계학적인 견해입니다. 이것은 일반적인 일에는 합당할 수 있습니다. 일반은총의 영역은 일반은총의 방법이 적절합니다. 그러나 특별은총은 일반은총으로 온전히 이해할 수 없습니다. 오직 특별은총의 관점에서만 이해할 수 있습니다. 아무리 인구가 많아도 하루 만에 소돔과 고모라성이 될 수 있습니다. 그러나 한 알의 밀알이 땅에 떨어져 썩어 죽을 때 많은 열매를 맺는 것을 볼 수 있습니다.

교회는 영적으로 살피고 진단되어야 합니다. 그런 측면에서 교회의 세워짐은 신앙고백에 있습니다. 교회의 기능에 있는 것이 아닙니다. 바른 신앙고백이 교회의 기초가 되는 것입니다. 그렇다고 한다면 지금의 교회의 위기는 기능의 문제가 아니라 신앙고백의 문제로 보는 것이 좀 더 옳습니다. 신앙고백이 문제가 있기에 교회의 기능이 잘못 작동하고 있는 것입니다. 그리고 이러한 불협화음은 결국 사회의 지탄거리가 되고 만 것입니다.

교회의 일차적인 관심은 한 영혼입니다. 새로운 회심자를 낳는 것입니다. 이 일에 충실하여야 합니다. 하지만 회심자들의 교회는 이제 지경을 넘어가야 합니다. 교회를 세운 지역에 복음의 나팔수가 되어야 합니다. 무엇보다도 거룩한 길을 가고자 애써야 합니다. 동시에 가난한 자와 과부와 고아로 상징되는 사회적 약자를 섬기는 사명을 감당해야 합니다. 이것이 회심자들의 삶의 모습입니다. 그리고 각자의 삶의 현장에서 그리스도의 십자가를 짊어지는 일을 하여야 합니다. 여기에 교회의 생명이 있습니다.

교회를 안 나가면서 신앙생활 하겠다는 새로운 세대들의 출현 앞에 교회는 자신들의 신앙고백을 돌아보아야 합니다. 그리고 잘못된 부분이 있다면 도려내고 회복하여야 합니다. 그렇지 않다면 교회는 계속 흔들릴 것입니다. 그러나 성령의 가르침을 듣고 다시 일어선다면 교회는 또 다시 소망의 빛이 될 것입니다.

교회가 흔들리고 있는 이 시대에 우리는 다시금 교회를 품어야 합니다.

교회가 이 땅의 소망임을 확고하게 보여주어야 합니다. 앞으로 교회가 힘들 것은 기정사실입니다. 그래서 더더욱 교회를 품어야 합니다. 교회는 사람이 세운 기관이 아닙니다. 예수 그리스도의 보혈로 세우신 공동체입니다. 세상의 소금과 빛으로 세우셨습니다. 힘들어도 교회를 세워야 하고 품어야 하는 이유가 여기 있습니다.

주님은 이 일을 위하여 오늘도 사람을 부르시고 회심케 하고 직분을 세우시고 에클레시아를 만들어 가십니다. 바로 여기에 우리의 존재와 살아가야 하는 이유가 있습니다.

3. 교회 세우기

앞에서 잠깐 언급했듯이 예수 그리스도께서 처음으로 교회를 언급하신 곳은 가이사랴 빌립보입니다. 이 지역은 헤롯 빌립이 가이사랴 즉 카이사르에게 아부하고자 그의 이름과 자신의 이름을 취합해서 지은 동네입니다. 이 동네에는 판 신전이 있습니다. 정말로 큰 신전입니다. 그리고 그 신전 아래에 헤롯이 지은 궁전이 있습니다.

헐몬산 아래에 있는 이 동네는 우상과 부 그리고 권력이 하나가 되어 있는 지역입니다. 이 지역에서 주님은 제자들에게 신앙고백을 요구하십니다. "사람들이 나를 누구라 하느냐?" 그리고 "너희들은 나를 누구라고 생각하느냐?” 우상과 권력의 중심지에서 주님은 제자들의 신앙을 점검합니다. 제자들은 분명하게 대답합니다. “주는 그리스도시요 살아계신 하나님의 아들입니다.” 제자들의 분명한 고백을 들은 예수님은 놀라운 선물을 주십니다. 그것은 바로 ‘교회’입니다. “이 반석 위에 내 교회를 세우겠다”는 말씀입니다. 비로소 에클레시아, 즉 교회가 선포되었습니다.

교회를 선포하신 것은 우상과 권력과 부를 추종하는 한복판에서 일어난 일입니다. 이들의 놀이터에 폭탄을 던진 것입니다. 당시에는 달걀로 바위를 치는 것처럼 보였습니다. 그러나 지금 그곳은 폐허 위에 놓인 관광지가 되었지만 교회는 열방 가운데 세워지고 있습니다. 당장은 부와 권력과 우상이 힘이 있는 것처럼 보입니다. 그래서 그 권위에 힘을 잃고 무릎을 꿇습니다. 하지만 그 모든 것은 안개와 같이 사라질 것입니다. 그 역사를 현재의 가이사랴 빌립보가 증명합니다.

교회는 편한 곳에 세워지지 않습니다. 교회는 하나님을 대적하는 곳에서 시작되었습니다. 그리고 교회의 역사는 하나님을 대적하는 이들과 전투하는 역사였습니다. 하지만 교회가 권력과 부와 우상의 자리에 서게 되면 썩은 냄새가 나기 시작합니다. 로마의 바티칸에 있는 베드로 성당은 종교개혁이 일어날 수밖에 없음을 보여주고 있습니다. 교회가 권력과 부와 우상의 중심이 되면 더 이상 교회가 아닙니다.

교회로 살아가기

교회가 세워지면 교회로 살아가는 일이 주어집니다. 교회로 산다는 것은 쉽지 않습니다. 이 말은 세상이 우리를 보는 눈을 의미합니다. 우리는 종 종 '어느 교회 다닙니까?'라고 묻습니다. 그 사람과 교회를 등치시키는 것 입니다. 이처럼 우리의 삶은 교회를 드러냅니다. 그래서 한 사람의 그리스 도인이지만 하나의 교회로 인식합니다. 그러기에 우리는 교회로 사는 자가 되는 것입니다.

그런데 교회가 권력과 우상과 부의 현장에서 시작되었음을 안다면 교회 로 사는 것은 이러한 시대의 도전에 대적하는 일임을 알 수 있습니다. 교회 로 사는 것은 우상과 부와 권력을 대적하고, 시대를 분별하며 사는 삶입니 다.

그 의미를 생각해 보시기 바랍니다. 권력의 자리에 서게 될 때 권력이 주 는 참된 가치를 감당해야 합니다. 권력은 창조 질서를 유지하기 위하여 허 락하신 것입니다. 이 생각에서 벗어나면 권력의 시녀가 되어 버립니다. 가 난하고 힘든 이들의 무거운 짐을 가볍게 하는 것이 바로 권력이 하는 일입 니다. 정의를 드러내며 평화를 꿈꾸는 것이 바로 권력이 가진 가치입니다. 그러나 이 가치를 상실하면 권력은 무서운 독극물이 됩니다.

부 역시 동일합니다. 나누기 위하여 버는 일이 있어야 합니다. 그렇지 않 으면 부유함이 하나님을 대적하는 도구가 됩니다. 부유함에 지배를 당하는 것이 아니라 부를 지배할 수 있어야 합니다. 그것이 바로 교회로 살아가는 일입니다.

우상은 권력과 부를 하나님보다 더 의존하는 것입니다. 그러기 위하여 형상을 만듭니다. 그리고 형상을 경배하면서 부와 권력을 추구합니다. 이들에게는 정의는 없습니다. 오직 부와 권력을 통하여 탐욕과 쾌락만 있습니다. 이것은 교회와 무관합니다.

세상을 변화시키는 일은 교회로 사는 일입니다. 자신이 있는 자리에서 교회로 살 때 세상에 의미 있는 변화를 가져옵니다. 그러기에 하나님의 영광을 위하여 자신의 일을 감당하는 것이 얼마나 소중하고 복된 일인지 모릅니다. 세상의 눈으로 보는 것이 아니라 하나님의 눈으로 볼 수 있어야 합니다. 변방에 있지만 중심을 깨우는 일은 교회로 사는 일입니다. 그러기 위하여 교회가 무엇인지 더욱 힘써 배우고 알아야 합니다. 그 모든 것은 말씀 안에 있고, 교회의 역사 가운데 있습니다. 오늘 우리들에게 더욱 절실하게 요구되는 것은 바로 교회로 사는 일입니다. 이 일에 우리를 부르셨음에 감사하고 교회로 살 수 있도록 간구해야 합니다.

4. 지역교회로 돌아가기

"예배는 드리고 있는데 설교 시간에는 인터넷으로 다른 목사의 설교를 듣는다."

교회로부터 도피하고자 하는 성도들의 전조 증상입니다. 대다수의 성도들이 한순간 욱 하여 교회로부터 도피하지 않습니다. 긴 시간이 걸립니다. 그리고 그 전조는 주일의 모습에서 서서히 나타납니다.

가슴 아픈 이야기이지만 실제로 우리 주위에서 자주 목격되는 모습입니다. 몸은 교회당에 있는데 영혼은 다른 곳에 가 있음을 보여주는 내용입니다. 요즘처럼 인터넷이 발달되어 있는 시대에 볼 수 있는 슬픈 일입니다. 이렇게 된 연유에는 아마도 목사의 책임이 가장 크리라 생각합니다. 말씀과 인격에 있어서 신뢰를 주지 못하였기 때문에 나타나는 현상이기 때문입니다. 목사의 한 사람으로서 항변하기에 참으로 너무나 부끄러움을 인정합니다. 목사가 정신을 차려야 한다는 말은 수천 번 들어도 과함이 없는 말이라고 생각합니다. 목사는 항상 정신을 차려야 합니다. 그렇지 않으면 짧게 사역하고 빨리 주님 품으로 돌아가는 것이 모두에게 유익합니다. 오래 살면서 추악함을 보여주는 목사처럼 불쌍함이 없기 때문입니다. 바울이 빨리 죽는 것을 그렇게 원하였던 것이라 생각합니다.

하지만 이러한 분명한 사실에도 불구하고 지역교회 성도들의 자세 역시 중요합니다. 목사의 실수가 자신들의 실수를 정당화할 수 없기 때문입니다. 하나님께 예배하는 자는 신령과 진정으로 해야 합니다. 예배는 세바시(세상을 바꾸는 시간 15분)를 듣는 자리가 아니기 때문입니다. 그러므로 하나님 앞에서 정직하게 자신의 자리를 잘 감당해야 합니다. 예배의 자리가 범죄의 자리가 되는 것처럼 불쌍한 것은 없기 때문입니다.

그런 측면에서 지역교회 성도들과 목사의 관계는 매우 중요합니다. 영적이며 인격적인 관계를 유지하지 못하면 영적인 선물을 풍요롭게 누릴 수 없기 때문입니다. 하나님께서 교회를 세우신 이유가 분명합니다. 바로 은혜를 주시기 위함입니다. 그리고 은혜를 받는 방편도 알려주셨습니다. 그것은 바로 바른 복음이 선포되는 것입니다. 그리고 참된 성례가 시행되는 것입니다. 또한 말씀에 근거한 바른 기도가 회복되는 것입니다. 교회는 이 기도의 학교입니다. 기도가 일상이 될 때 은혜는 풍성해집니다. 그리고 이 일을 위하여 세운 지역교회 목사와의 인격적인 관계를 잘 감당해야 합니다.

사실 지역교회 성도의 영적인 성장은 지역교회 담임목사의 설교와 양육에서 시작합니다. 자신을 지도하는 목사의 가르침을 근거로 다른 이야기들을 분별하게 됩니다. 그런데 우리 주변을 보면 교회 따로, 신앙 따로, 목사 따로 존재합니다. 교회를 분열케 하는 이유 중 하나입니다.

참된 교회의 성도는 지역교회 목사의 가르침을 받고 있어야 합니다. 그리고 고대 교회의 바른 교리를 기준으로 하여 종교개혁자들이 전해 준 역사적 신앙고백을 보아야 합니다. 물론 때때로 이해의 부족으로 충돌이 일어날 수 있습니다. 이 때 성도의 자세는 목사에게 질문하고 답을 얻는 것이어야 합니다. 지역교회 목사는 정직하고 신실하게 어떠한 질문에도 답을 줄 수 있어야 합니다. 혹 정직한 답변을 듣지 못하였을 때는 자신이 그렇게 생각하게 되었던 근거를 세세하게 나눠야 합니다. 이 과정이 힘들다고 서로 피하면 예배 시간이 서로 죄 짓는 자리가 될 수 있음을 기억해야 합니다.

목사와 성도는 서로 질문하면서 자라나는 관계입니다. 그런데 이런 과정이 없이 다른 이의 관점으로 자신의 신앙을 세우고 있다면 그는 교회가 무엇인지, 신앙이 무엇인지 모르는 무지한 자입니다. 특별히 오늘날 많은 책이 나오고 있습니다. 그리고 다양한 세미나가 열리고 있습니다. 이 가운데 역사적 신앙고백을 무시한 채 주관적 성경해석을 가르치면서 신선함을 주는 사람들이 많이 있습니다. 그들이 혹 이단 사상을 전하지 않는다 하더라도 조심해야 합니다. 우리의 주변에서 흘러나오는 많은 성경적 지식에 대하여 자신을 인격적으로 가르쳤던 목사에게 질문하고 성경적인 답을 얻는 시간을 가져야 합니다. 그럴 때 인격적 신앙으로 자라날 수 있습니다.

오늘날 수없이 나오는 책은 자신을 인격적으로 가르치는 선생을 무시하는 도구가 아닙니다. 책을 읽으라고 하는 이유는 선생을 더 이해하고 배우기 위함입니다. 그런데 책을 읽었고 좀 새로운 것을 알았다고 교만해져서 선생의 말을 무시한다면 정말 무지한 행동이 아닐 수 없습니다. 그러기에 자신을 가르치고 있는 교회 목사와 인격적 교제를 갖는 것이 우선순위입니다. 그런 측면에서 교회 목사가 인격적이지 못하고 역사적 신앙고백에서 멀어진 말을 할 때는 심각한 고민이 필요합니다. 바른 진리를 가르치지 않아서 영적으로 피폐해지고 있다면 관계를 재정립하는 것이 필요합니다.

우리의 신앙은 맹목적이지 않습니다. 그래서 당회가 있으며, 노회가 존재합니다. 당회는 목사가 바른 진리에 서서 복음을 전하고 있는지 살펴야 합니다. 그리고 바르지 못할 때 치리를 요청해야 합니다. 그러면 노회는 그 내용을 살펴서 치리해야 합니다. 그러나 이것이 잘 작동하지 않을 때 성도는 교회를 정상적으로 옮겨야 합니다. 이명 증서를 요청하여 참된 교회를 찾아야 합니다.

오늘날 우리들은 교회로부터 도피하는 성도들이 점점 늘어나고 있음을 목도하게 됩니다. 어디에도 정착하지 못하고 이리저리 기웃거리는 이들이 많습니다. 이들의 공통점은 바로 인격적인 교제와 신뢰가 없다는 것입니다. 그러니 익명으로 신앙생활 하며 그것이 편하다고 말합니다.[68] 하지만 이것은 신앙생활이 아닙니다. 자신의 모난 부분이 깎이고 거룩하게 되는 것은 인격적인 나눔에서만 가능하지 홀로 신앙을 통해서는 불가능합니다. 바로 여기에 하나님이 교회라는 공동체를 주신 또 하나의 이유가 존재합니다.

그리고 지역교회 목사의 설교를 분별할 수 있는 능력이 생겼다면 감사하기 바랍니다. 그만큼 성장하였기 때문입니다. 하지만 그때 조심해야 합니다. 넘어질 수 있기 때문입니다. 자신이 성장하여 목사의 설교를 비평할 수 있습니다. 그러면 그때부터 더욱 기도하는 자리에 서야 합니다. 목사의 설교는 항상 보편적이기 때문입니다. 이 순간부터는 자신의 몸을 쳐서 복종하는 법을 배워야 합니다. 그렇지 않으면 도피 성도의 자리로 떨어질 것입니다.

하나님이 기뻐하시는 성도는 하나님을 아는 지식이 충만한 가운데 날마다 자신을 쳐서 복종하고 겸손하게 성경을 바르게 가르치는 지역교회에 동참합니다. 어눌한 말씀이라 할지라도 성경을 말하고 진리를 선포하면 그 가운데서 들려오는 하나님의 은혜를 구하려고 몸부림쳐야 합니다. 그리고 날마다 바울과 디모데처럼, 바울과 에바브로디도처럼, 바울과 브리스길라와 아굴라처럼 인격적 관계를 맺고 있어야 합니다.

-----

68 정재영, 117.

교회로부터 도피하였다면 다시금 주님의 품으로 피하시기 바랍니다. 곧 오실 주님을 바라보면서 반석 위에 교회를 세워야 합니다.

5. 교회는 우리의 어머니이다

초대 교회 지도자들은 교회를 어머니라고 하였습니다. 키프리아누스가 그렇게 말하였고, 아우구스티누스가 공유하였고 칼빈이 동참하였습니다. 마르틴 루터 역시 교회를 성도들의 어머니라고 하였습니다. 이러한 생각은 바로 신약성경 갈라디아서에 기록된 말씀에서 찾을 수 있습니다. 갈라디아서 4장 26절은 "오직 위에 있는 예루살렘은 자유자니 곧 우리의 어머니"라고 말합니다. 하늘의 예루살렘이 성도의 어머니라는 사실은 성도들의 정체성을 분명하게 보여줍니다. 교회는 우리의 어머니입니다.

교회가 우리의 어머니라는 사실에 대하여 한스 마리스 목사는 어머니라는 관점이 가진 교회의 모습을 세 가지로 표현하였습니다. "첫째, 교회는 하나님만 간절히 바라고 그분의 구원에 의지합니다. 둘째, 교회는 그 교회에 속하여 목회적인 보살핌을 받아야 하는 사람들에게 집중합니다. 셋째, 아직도 그리스도 밖에 있어서 하나님의 사랑을 받지 못하고 사는 사람들에게 관심을 기울여야 합니다."[69]

---

69 한스 마리스, 『우리의 어머니 교회』(서울: 성약, 2013), 113-114.

교회가 우리의 어머니인 것은 교회를 통하여 우리가 태어났기 때문입니다. 자녀를 낳을 수 있는 것은 오직 어머니뿐입니다. 이에 대해 칼빈은 갈라디아서 4:26의 주석에서 매우 분명하게 말합니다.

> "하늘로부터 시작하여 믿음으로 말미암아 위에 거할 하늘의 예루살렘이야말로 믿는 자들의 모체(어머니)인 것이다. 이 예루살렘은 썩지 않는 생명의 씨를 지니고 있으며, 이 씨로 말미암아 우리의 형태를 조성하고 그 태 안에 우리를 잉태하여 우리를 낳는다. 그리고 젖과 단단한 음식으로써 계속하여 그 자녀를 양육한다. 이것이 바로 교회가 믿는 자들의 어머니로 불리는 이유이다. 그래서 교회의 아들임을 거절하는 자는 하나님을 그의 아버지로 모시고자 하는 소원이 있을지라도 그것은 소용없는 짓이다."[70]

우리는 교회를 통하여 생명을 얻었음은 물론이고, 성장할 수 있도록 지속적으로 공급을 받습니다. 이러한 이유로 우리는 교회를 우리의 어머니라고 부르는 것입니다. 교회가 없이 우리는 존재할 수 없고, 교회가 없이 우리는 자랄 수 없습니다. 이런 이유로 믿음의 선배들이 교회를 우리의 어머니라고 부른 것입니다.

그렇다고 해서 로마 가톨릭처럼 지상 교회의 무오성을 말하는 것은 아닙니다. 교회가 생명을 낳는다는 것은 지상 교회가 무오함을 의미하지 않습

---

70 존 칼빈, 『갈라디아서 주석』(서울: 성서교재간행사, 1979), 614.

니다. 지상 교회 자체에 구원이 있지 않습니다. 그런 측면에서 로마 가톨릭처럼 자신의 교회에만 구원이 있다고 말하는 것은 매우 불의한 일입니다. 지상 교회가 존귀한 것은 천상 교회에 의존되었기 때문입니다. 한스 마리스 목사의 말처럼 "이 땅에 있는 교회는 천상에 있는 것이 아니라 성령과 믿음으로 천상의 교회와 연결되어 있습니다. 그러므로 교회가 아이를 낳는 것은 자발적으로 낳는 것이 아니라 천상의 도움을 받아서 간접적으로 낳는 것입니다."[71]

교회의 머리는 그리스도입니다. 그리고 그 교회는 우리의 어머니입니다. 교회는 말씀을 통하여 생명을 낳습니다. 교회에 바른 말씀이 선포될 때 구원받는 사람이 더하여집니다. 또한 성령은 말씀을 통하여 일하시고, 구원을 이루십니다. 그러므로 우리의 어머니인 교회의 중요한 일은 바른 말씀을 전하는 일입니다. 참된 교회의 표지는 참된 말씀의 선포에 있습니다. 말씀이 바르게 선포될 때 성령께서 역사하십니다.

교회가 우리의 어머니입니다. 이 사실을 알면 우리가 무엇을 해야 하는지도 분명해집니다. 어머니가 생명을 낳는 존재라면 우리 교회가 할 일이 분명합니다. 바로 생명을 낳는 일에 열심을 다하는 것입니다. 구원의 소식을 듣지 못한 이들에게 복음을 전하는 일이 바로 교회가 할 일입니다. 어머니의 마음으로 방황하는 이들을 사랑하고 살펴야 합니다. 또한 성숙한 믿음에 이르도록 지속적으로 사랑을 베풀어야 합니다. 어머니의 마음이 충만할 때 교회는 따스하고 건강합니다. 교회는 권력을 잡기 위하여 싸우는 곳

---

71 한스 마리스, 132.

이 아닙니다. 교회는 이기기 위하여 투쟁하는 곳도 아닙니다. 교회는 자신의 의를 자랑하는 곳도 아닙니다. 교회는 성도들끼리 비교하는 곳도 아닙니다. 교회는 말씀 안에서 서로 사랑하고 자비를 나누는 곳입니다. 천상의 교회를 바라보면서 함께 살아가는 곳입니다. 참된 성도라면 우리의 어머니인 교회를 아프게 해서는 안 됩니다. 우리가 힘써야 할 것은 어머니인 교회를 통하여 길 잃은 자녀들이 돌아오도록 힘쓰는 일입니다.

이제 도피 성도를 향한 사랑을 품고 서로를 돌아보아야 합니다. 우리 모두 하나님 앞에서 심판을 받을 것입니다. 그때에 부끄럽지 않도록 최선을 다해야 합니다. 교회의 위기를 말하면서 새로운 교회를 만들려는 생각은 이제 버리고 건강한 교회를 세우는 일에 힘써야 합니다. 이것이 우리 시대에 눈물을 흘리며 씨를 뿌리는 일입니다.